ŒUVRES

DE

SAINT-SIMON & D'ENFANTIN

PRÉCÉDÉES DE DEUX NOTICES HISTORIQUES

XXVIIe VOLUME

ŒUVRES

D'ENFANTIN

PUBLIÉES PAR LES MEMBRES DU CONSEIL

INSTITUÉ PAR ENFANTIN

POUR L'EXÉCUTION DE SES DERNIÈRES VOLONTÉS

SEPTIÈME VOLUME

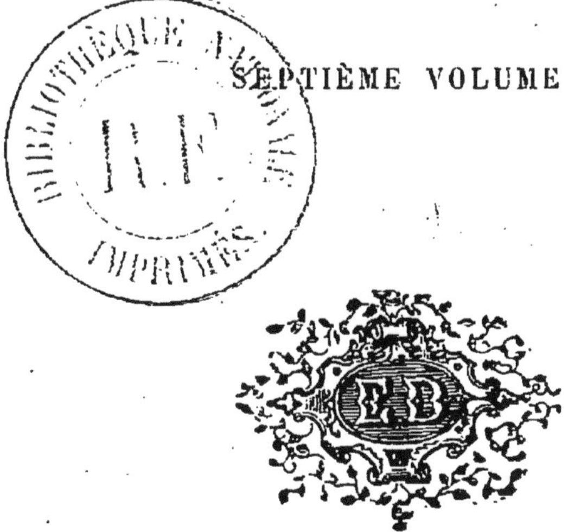

PARIS

E. DENTU, ÉDITEUR

LIBRAIRE DE LA SOCIÉTÉ DES GENS DE LETTRES

PALAIS-ROYAL, 17 ET 19, GALERIE D'ORLÉANS

—

1872

CORRESPONDANCE
INÉDITE
D'ENFANTIN

LVIIIe LETTRE

A MADAME ***

Commencement de 1830.

Ma fille a tremblé hier lorsque son père lui parlait ; son cœur a été froissé, elle a gémi. Je lui disais les joies de l'*épouse* retrouvant l'ami qu'elle croyait perdu, plus tendre, meilleur qu'il n'était aux plus beaux jours de leur union ; elle ne m'a pas compris ! Je la préparais à entendre les chants de la *mère* lorsque, après avoir donné le baiser du *soir* à son enfant d'un *jour*, elle entoure pour la première fois de ses caresses de mère le *réveil* de l'ange, dont elle avait, la *veille*, fermé les yeux ; elle ne m'a pas compris, une larme roulait dans sa paupière ; et moi, qui voulais annoncer à ma fille le *retour* auprès d'elle d'un *frère* tendrement aimé, moi, qui voulais que la voix prophétique me fît entendre à son tour les accents de bonheur de la sœur qui pose sur la tête du *nouvel arrivé* la couronne d'IMMORTELLES, je me suis tu, elle allait pleurer.

Ma fille allait pleurer ! Ce n'était donc pas son *père* qui parlait ? elle n'était pas EN MOI pour m'inspirer, et, si ma vie avait été la *sienne*, aurais-je souffert EN ELLE de la révélation dont j'avais cru pouvoir la réjouir et l'animer ?

Chère enfant, c'est la parole de vie que je t'ai donnée hier ; tu vivais avec le *passé ;* par moi tu vivras pour l'*avenir ;* tu n'étais pas encore ma fille, tu le seras aujourd'hui.

Tu écouteras ton père te dire le mystère de la *vie ;* oublie ce que tu crois savoir de la *vie*, les chrétiens ne t'ont rien appris que tu ne doives modifier ; les sentiments les plus tendres qu'ils t'ont *transmis,* Saint-Simon, par une *inspiration* nouvelle, est venu pour les transformer et leur donner plus de charmes. Tu ne vis pas comme on vivra dans l'avenir, tu n'aimes donc pas comme aimera la fille, l'épouse, la mère, la sœur de l'avenir ; tu as en toi l'amour chrétien et l'amour des enfants de Moïse, mais tu ne vis pas encore de la vie saint-simonienne, et cependant tu en as reçu le germe par Eugène, par tes proches, par moi, par nous tous : apprenons ensemble à vivre, à aimer ; aucune femme, aucun homme n'a encore senti la vie, l'amour, Dieu comme nous.

P. E.

LVIXᴱ LETTRE

A THÉRÈSE

Commencement de 1830.

Oui, Saint-Cyr a bien raison d'envier le don de la *persuasion,* ma chère Thérèse, car c'est à ce signe que se reconnaissent les envoyés de Dieu, les *enseigneurs* des hommes, les véritables prêtres. Il a raison ; aussi, quelques siècles plus tôt, Saint-Cyr aurait-il été un des plus dignes enfants de l'Église, comme il a été, comme il est encore un des plus dignes défenseurs de la *liberté,* comme il serait un des plus zélés *Saint-Simoniens* s'il était plus jeune. Dieu fait ce présent sublime, celui de la *persuasion,* aux hommes auxquels il confie la destinée de la sainte famille humaine ; c'est à ce signe qu'il veut qu'on les reconnaisse ; et il en existe aujourd'hui, car Dieu ne laisse jamais ses enfants sans guides. Crois-tu que Napoléon, Voltaire ou Mirabeau, Luther lui-même, auraient pu *persuader,* entraîner les peuples de l'Europe, s'ils n'avaient pas tenu le langage que Dieu voulait faire entendre? Son amour infini ne nous a pas trompés ; que ta foi en lui s'élargisse ; cesse de croire au *démon,* à Satan ; ne lui donne pas une puissance qu'il n'a pas ; Jésus-Christ ne t'a-t-il pas dit qu'il en avait triomphé, qu'il avait vaincu le *monde?* C'est DIEU, toujours DIEU qui nous conduit vers LUI ; c'est sa bonté toute-puissante qui BRISE l'IDOLE que l'humanité encense dans son jeune âge, l'IDOLE que lui-même lui avait fait élever pour exercer ses BRAS, pour développer ses MEMBRES délicats et lui donner la FORCE ; c'est lui qui DÉCHIRE le LIVRE que l'humanité ÉTUDIAIT avec ardeur dans son adolescence, le LIVRE que lui-même avait DICTÉ pour préparer son INTELLIGENCE ; c'est lui enfin qui aujourd'hui fera de notre *amour* une IDOLATRIE, car notre IDOLE sera Dieu lui-même ; c'est lui qui fera pour notre amour une BIBLE éternelle, car notre BIBLE sera sa parole éternellement progressive, son VERBE perpétuellement incarné dans l'humanité, dans les hommes de la *persuasion*, de la *foi*.

Sais-tu pourquoi tu ne nous *crois* pas encore? Sais-tu pourquoi tu ne crois pas à la parole nouvelle que Dieu prononce par nous? Sais-tu pourquoi, quand tu nous lis, nous te faisons alternativement plaisir et peine?—C'est parce que tu crois à Jésus-Christ, me dis-tu. — Eh bien, non, c'est parce que tu crois à Satan autant qu'à Jésus-Christ, aux *menaces* autant qu'aux *promesses*, c'est parce que tu es encore sous la loi de CRAINTE et d'ESPÉRANCES et que tu ne crois pas à la RÉALISATION *de la loi* d'AMOUR, au règne de Dieu sur la terre, *préparé par* Jésus, *attendu* par toute l'humanité, *réalisé* par Saint-Simon.

Pourquoi, toi qui nous as trouvés plus *justes* que les libéraux pour l'Église, ne serais-tu pas *juste*, comme nous, pour les hommes qui ont détruit l'Eglise? Pourquoi veux-tu voir dans ceux-ci Satan incarné comme ils voient tous les vices dans un jésuite, dans un prêtre ? Dieu est tout-puissant ; vois donc sa main partout où il y a puissance, alors tu seras saint-simonienne. Ils ont détruit l'Église, parce que l'Église ne *persuadait* plus, et que par conséquent elle ne pouvait plus *enseigner ;* ils ont détruit l'Église, parce qu'elle ne continuait plus son œuvre, parce qu'elle ne savait plus chasser du *monde,* son ancien maître (vaincu par Jésus) Satan; parce qu'elle le laissait vivre à côté d'elle et en elle-même ; parce qu'elle ne savait pas briser son glaive dans les mains de César, le faire descendre du trône qu'il occupait à côté de César, parce qu'elle le laissait asseoir même sur celui du vicaire du Christ.

Quoi ! diras-tu, n'y a-t-il plus d'enfer ? Satan n'a-t-il plus de puissance, est-il anéanti ? — Grand Dieu, as-tu jamais pu avoir un ennemi ! L'homme a *cru d'abord faiblement* à ta PUISSANCE, et c'est pour cela sans doute que tu lui as fait *craindre* ta RIGUEUR ; il a *douté* de ton AMOUR, et c'est pour le conduire à la *foi* que tu as employé contre lui la MENACE ; mais il ne doute plus de toi aujourd'hui, car ton amour s'est clairement manifesté à lui, *en lui-même;* il ne CRAINT plus, il n'ESPÈRE plus même en toi, car il est CERTAIN de ta *bonté,* de ta SAGESSE et de ta

PUISSANCE INFINIE ; tu ne le MÉNACES plus, tu ne lui PROMÊTS rien, tu lui *donnes;* aussi ne MAUDIT-il plus Satan, et ne te PRIE-T-IL plus, il te *remercie*.

Oui, mon amie, notre foi est plus FERME que la tienne, elle est plus ÉCLAIRÉE, elle est plus *tendre*. Elle est plus FERME, car nous ne croyons plus à une puissance rivale de celle de Dieu, à une puissance rivale de celle de l'Église, nous ne croyons ni à Satan, ni à César ; nous ne composons plus avec un mauvais *principe*, double pouvoir infini, nous ne reconnaissons qu'un seul *principe*, Dieu lui-même ; il n'y a pas pour nous de pouvoir impie, tout pouvoir vient de Dieu ; aussi les papes et les rois n'en ont-ils plus aujourd'hui. — Notre foi est plus ÉCLAIRÉE que la tienne, car elle n'est plus sollicitée par deux forces *contradictoires*, mais par deux forces *amies ;* nous ne croyons plus à l'empire du *mal*, Dieu n'a pas divisé ainsi son royaume, il faudrait pour cela qu'il se fût divisé lui-même ; or, il est *un, infini, indivisible;* l'esprit *et* la chair ne font qu'*un*, l'*Être !* celui qui FUT et celui qui SERA ne font qu'un, *celui qui est ;* le PASSÉ et l'AVENIR ne font qu'un, et cette *unité* de temps, grand Dieu, c'est ton

ÉTERNEL *présent,* c'est la vie. Enfin notre foi est plus *tendre* que la tienne, car nous ne doutons plus de l'amour de Dieu pour nous, nous sentons qu'il n'est plus jaloux et vengeur, qu'il ne saurait punir ni récompenser, effrayer ni tenter, et que si l'homme promet et prie, craint et désire, c'est qu'il ne peut pas, comme Dieu, se donner tout à lui-même, c'est qu'il ne peut pas, comme Dieu, en s'aimant, aimer *tout ce qui aime.*

Tout ce que je te dis ici est difficile à comprendre, je le sais, et cependant je te le dis, parce que je veux que tu réfléchisses.

Notre amour de Dieu et des hommes te *touche* vivement, me dis-tu ; tu respectes notre bonne foi et notre dévouement ; tu serais heureuse de pouvoir nous croire, nous écouter et nous suivre ; mais ce qui t'arrête, ce sont nos *rêves d'âge d'or;* tu persistes à penser que nous nous faisons des illusions, et *que la race des hommes n'est pas assez* BONNE *pour espérer* RAISONNABLEMENT *que tous ces rêves se* RÉALISENT. Pauvre chrétienne, voilà donc où tu en es réduite ; tu repousses les hommes qui te disent que tes frères sont BONS ; ta raison se refuse à calculer sur l'avenir, *comme si* la grande majorité au moins était ou pouvait devenir bonne ; tu veux que le bien soit l'exception, le mal la règle, dans un monde sorti cependant des mains de ton Dieu! Comment peux-tu croire maintenant que ta *foi* soit supérieure à la nôtre, que tu puisses aimer ton prochain et Dieu comme nous les aimons nous-mêmes, toi qui regardes ton prochain comme *méchant* et ton Créateur (qui a fait, disent tes livres, l'homme à son image!) comme le père d'une race corrompue!! Oseras-tu nous dire que tu *aimes,* que tu CONNAIS, que tu PRATIQUES la loi et les prophètes, l'amour de Dieu et des hommes, avec autant d'*amour,* de SCIENCE et de FORCE que nous, toi qui penses que tes frères sont trop *méchants* pour que RAISONNABLEMENT on puisse espérer qu'ils *soient jamais* HEUREUX? Quelle foi! quelle espérance! quelle charité! — Comment s'étonner de ce que les chrétiens n'ont plus cet heureux don de *persuasion,* ce mystérieux et véritable don *des langues*, cette parole pénétrante qui remua l'humanité si profondément? Ils cherchent à nous effrayer; mais les hommes n'ont plus peur des hommes, car ils n'ont plus d'*ennemis;* comment auraient-ils peur de Dieu? Nous ne craignons plus Satan, car nous savons que la CHAIR est forte comme l'ESPRIT, lorsque c'est l'AMOUR qui la dirige, et qu'elle ne mène pas en enfer, puisqu'il n'y a pas d'enfer dans le royaume de Dieu, car le royaume de Dieu, c'est *tout ce qui est,* c'est Dieu lui-même. Pour persuader il faut être convaincu soi-même ; pour persuader il faut plus encore : il faut chérir passionnément ceux à qui l'on veut communiquer sa foi ; et comment chérir les hommes, si comme toi on les suppose si misérables qu'ils n'aimeront, qu'ils ne voudront jamais ce qui peut seul faire leur bonheur ? Si je ne t'aimais pas comme une sœur, si je n'étais pas certain que tout ce qui peut te réconcilier avec les œuvres de Dieu (et quelle plus belle œuvre que l'humanité !) trouve ou trouveras *tôt ou tard* un écho dans ton cœur, si je n'étais pas *sûr* qu'en m'adressant à toi, en t'*appelant,* je te parle au nom de Dieu, je te prépare à l'initiation qu'il destine à *tous* les êtres, crois-tu que ma parole pourrait avoir sur toi cet effet sympathique qui détermine la *persuasion ?* crois-tu que je pourrais te convertir à la foi saint-simonienne, si je n'en étais pas plus vivement pénétré que tu ne l'es de la tienne, mais surtout si le *Dieu* qu'elle me révèle, et l'*homme* tel qu'elle te le montre en moi, n'étaient pas plus dignes d'amour que toi, chrétienne, et que ton Dieu. J'aime plus que toi ; mon *Dieu* est donc plus grand que le tien ; j'aime plus que toi, Dieu m'a donc chargé de t'amener à *lui ;* j'aime plus que toi, car pour toi les hommes sont des méchants, et pour moi ce sont des enfants qui attendent, pour être bons, que leur père leur ait montré combien il les aime ; j'aime plus que toi, j'aime plus que tous les prêtres, car vous avez tous peur, et l'on n'aime pas lorsqu'on tremble.

Tu fais comme Emile, ma chère amie, tu nous donnes un brevet de bonnes âmes, tu reconnais la pureté de nos intentions, mais en même temps tu nous déclares *aveugles* comme des enfants, tu dirais peut-être même comme l'Amour, et tu croirais bien dire, en prononçant une véritable impiété, car l'Amour avait un bandeau sur les yeux quand il était le fils de *Mars* et de *Vénus ;* un de ses yeux était encore privé de la lumière pour le chrétien qui ne le faisait vivre que dans le royaume de l'ESPRIT, et le regardait comme étranger à celui de la CHAIR ; mais notre *amour,* celui qui nous *anime,* a les deux yeux ouverts, l'œil de l'ESPRIT comme celui de la CHAIR, il règne dans le CIEL comme sur la TERRE, il juge les PENSÉES aussi bien que les ACTES, il ordonne les travaux de la SCIENCE et ceux de l'INDUS-

TRIE, il est l'*être complet,* il est le type du prêtre.

Et comment peux-tu dire que nous rêvons, nous qui appelons les hommes à *réaliser* le règne de Dieu sur la TERRE ? Nomme-nous rêveurs, si nous affirmons que les hommes se déchireront toujours, qu'ils auront toujours des chefs détestés, ignorants, inhabiles ; que le fils du pauvre sera toujours pauvre, parce qu'il est fils du pauvre; le fils du riche toujours riche parce qu'il est le fils du riche; nomme-nous rêveurs, si nous disons que la vierge aimante sera toujours vendue, parce que l'amour ne donne ni le droit électoral, ni même du pain ; nomme-nous rêveurs, si nous voulons que tous les enfants de Dieu ne reconnaissent jamais de guides, de chefs, de maîtres ; si nous leur parlons toujours de liberté et jamais d'autorité et d'obéissance ; nomme-nous rêveurs, si nous sommes libéraux, car ils ne *songent* qu'à *détruire*, et désormais la *guerre* ne sera plus qu'un des vieux *rêves* de l'humanité.

Dis aussi que nous nous payons d'illusions ; que notre imagination se forge des utopies, si, fils de Platon et du Christ, nous *rêvons* un monde de pur ESPRIT, dont la CHAIR soit bannie ; un monde où l'on n'arrive que par l'*abstinence,* la *pauvreté* et le *célibat;* un monde vers lequel nous porterait notre ESPRIT, mais dont notre CHAIR tendrait sans cesse à nous éloigner; nommes-nous Rêveurs, si nous regardons dans la FORCE que Dieu nous a donnée, la matière qu'il a livrée à notre FORCE, les fruits, les fleurs, les parfums, les sons dont il charme nos sens, les formes qui nous ravissent, comme des piéges qu'un génie malfaisant a placés partout sous nos pas.

Mais nous qui voulons aussi la *liberté*, puisque nous réalisons le règne de *l'amour;* nous qui voulons la chasteté, puisque nous appelons le règne de la BEAUTÉ; nous qui voulons la *continence,* puisque nous désirons le règne de la FORCE; nous qui voulons *l'économie,* puisque nous promettons à l'humanité la RICHESSE, ne nous nommes pas rêveurs, car nous aurons :

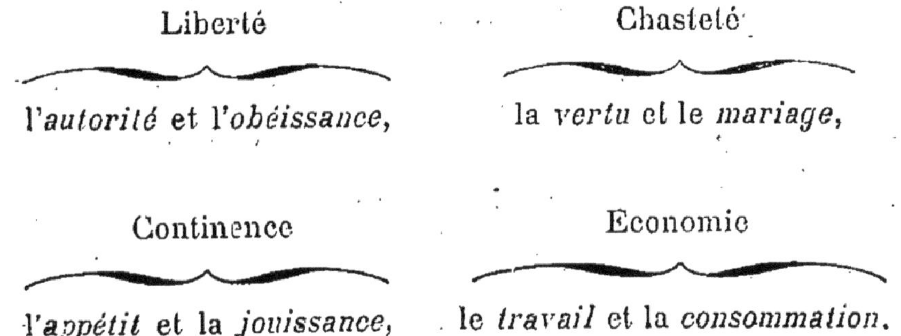

Vous tous, libéraux et catholiques, vous rêvez ; car vous ne songez qu'au *passé;* mais nous ne rêvons pas, nous, car nous voyons *dans le présent*, le *passé* et *l'avenir,* et nous séparons toujours le passé de l'avenir, distinguant ce qui est *rétrograde* de ce qui est *progressif;* et nous *enterrons* LE MORT et nous *baptisons* le NAISSANT ; nous ne rêvons pas, car nous seuls voyons Dieu, *celui qui* EST ; nous seuls pouvons dire : Voilà ce qui FUT, voilà ce qui SERA ; ceci est *mauvais*, ceci est *bon,* ceci est vicieux, ceci est *vertueux;* et nous pouvons juger tous les *morts*, car nous sommes *vivants;* et nous nous jugeons, nous nous classons entre nous, car nous sommes *aimants;* et nous marchons sans crainte vers l'avenir, parce que notre amour *progressif* nous révèle, à chaque instant de notre immortelle vie, ce que nous ne devons plus faire et ce que nous devons faire pour nous rapprocher de Dieu.

Tu serais heureuse, me dis-tu, de pouvoir m'écouter et me suivre en *aveugle*. Ah ! garde-toi de cette mauvaise pensée ; ouvre les yeux. Dieu te les a donnés pour voir ce que tu *dois* aimer ; regarde-moi ; oublie que tu n'as vu en moi jusqu'ici qu'un être qui te chérissait comme un frère, que tu chérissais comme une sœur : Vois maintenant celui qui aime l'humanité comme il t'aimait, celui qui ne sait être heureux qu'en la voyant heureuse, qui pleure lorsqu'elle *va* pleurer, qui chante, *avant elle*, ses joies qu'elle ignore encore ; vois celui à qui Dieu, par Saint-Simon, a confié le sort de cette fille que j'aime et qui souffre ; vois celui qui doit appeler à lui, parce que Dieu lui en donne la force, toutes les âmes généreuses capables *d'animer*, D'ENSEIGNER, de FAIRE MOUVOIR les peuples ; ouvre les yeux, regarde celui que Dieu aime par dessus tous les hommes, parce que c'est le plus aimant de tous ; vois le chef, le roi, le pontife de la Jérusalem nouvelle, écoute-le sans crainte, suis-le avec amour, c'est par lui que Dieu donne la *vie* au monde.

P. E.

LXe LETTRE

A BURNS

Janvier 1830.

Je ne m'excuse pas auprès de vous de la lenteur que j'ai mise à vous répondre; j'espère vous prouver par ma lettre même que si j'ai tardé à vous écrire le temps seul m'a manqué.

Élève de Saint-Simon, l'un des chefs de son école, j'ai profité du voyage d'un ami à Londres pour vous faire passer un ouvrage de notre maître (*le Nouveau Christianisme*). Votre correspondance avec Eugène Rodrigues nous avait fait penser que la lecture de cet ouvrage la rendrait encore plus fructueuse, et nous nous félicitons de la méprise à laquelle cet envoi a donné lieu, puisqu'elle nous fournira une nouvelle occasion de développer quelques parties de la doctrine que la lecture du *Nouveau Christianisme* vous a fait aborder directement.

Il me serait difficile de reprendre une à une toutes les questions que vous avez soulevées;

mais si j'ai bien compris l'esprit général de votre lettre, il me suffira de répondre à quelques-unes pour les embrasser toutes :

1° La disposition de quelques sectes chrétiennes à faire cesser la lutte des croyances et les controverses théologiques vous paraît sans doute comme elle l'est pour nous l'annonce d'une prochaine régénération religieuse. Elle est aussi, dites-vous, la *manifestation d'un esprit nouveau et toujours du même esprit.* L'esprit qui anime les nouveaux *réformateurs* (et je n'entends ici par ce mot que les hommes qui ont le désir *d'union* ou *d'unité* dont vous parlez), cet *esprit,* dis-je, vous semble double, ou plutôt leur *principe,* leur *dogme* est vraiment nouveau, car il est plein d'avenir; mais leur *pratique,* ou pour rendre plus clairement encore notre idée, leur *conduite* est complétement arriérée. Vouloir établir l'union entre les hommes est une excellente chose, s'efforcer d'atteindre ce noble but sans s'occuper du DOGME que professeront ces individus, c'est vouloir les *agglomérer,* mais non les UNIR. On pourrait dire que la vue *théorique* de ces réformateurs est celle d'un *catholicisme* régénéré, tandis que la vue *pratique* reste toujours *protestante.*

Ce qui est *pratique* dans le christianisme, est, comme tout ce qui est pratique, la réalisation d'une *théorie*, d'un *dogme*. Que si le *dogme* chrétien est vieilli après avoir régné tant de siècles sur le monde, il faut en changer; il faut lui substituer une *théorie* de l'homme et de la société, une *science* de Dieu, une *théologie* nouvelle; mais il n'est pas possible de croire que des hommes puissent *s'unir* s'ils ont des croyances différentes sur *l'être* homme, sur *l'être* social, sur *l'Être* divin.

Vous le savez, Monsieur, bien des gens que vous combattez comme nous, bien des athées, ont poussé leurs prétentions *philanthropiques* plus loin que les réformateurs dont vous parlez; ils ont dit comme eux pourquoi un *dogme*, et ils ont ajouté pourquoi un *culte*, pourquoi *des prêtres*, pourquoi un Dieu? Ils ont voulu *unir* les hommes par une *morale*, et ces hommes se sont dévorés.

2° Une idée vous est échappée dans le *Nouveau Christianisme*, et malheureusement en elle se trouve toute la doctrine de Saint-Simon. Je vais reprendre quelques passages pour la mettre au jour. Luther a fait *rétrograder* la religion chrétienne jusqu'à son *point de départ*... Il a resserré de cette manière la morale chrétienne dans les *étroites* limites que l'état de la civilisation avait imposées aux *premiers chrétiens* (p. 55). Il a considéré le christianisme comme ayant été *parfait à son origine*, et comme s'étant toujours *détérioré* depuis l'époque de sa fondation.

Le réformateur n'a aucunement remarqué les *progrès immenses* que les ministres des autels avaient fait faire à la civilisation (p. 65); il a prescrit aux protestants d'étudier le christianisme dans les livres écrits à *l'époque* de sa *fondation*. Cette prescription a été aussi absurde que le serait celle des mathématiciens, des physiciens, etc., qui prétendraient que les sciences qu'ils cultivent, doivent être étudiées dans les *premiers* ouvrages qui en ont traité (p. 66). Certainement il avait raison de proclamer que le *culte* et le *dogme* établis par les papes n'étaient point propres à fixer l'attention des fidèles sur la *morale* chrétienne; mais de cette vérité incontestable, Luther n'avait pas le droit de conclure que la morale devait être *enseignée* aux fidèles de *son temps* de la même manière qu'elle l'avait été par les *pères de l'Église* à leurs *contemporains* (p. 38). L'espèce humaine n'est pas condamnée à *l'imitation;* et il arrive bien souvent que, lorsque nous apprécions complétement l'avantage qu'il y a eu, à *une époque antérieure,* d'adopter telle opinion, telle institution, cette approbation pour ce qui a été fait doit marcher de front avec *l'établissement* d'une opinion, d'une institution *encore supérieure,* et TOUTE ERREUR A CET ÉGARD EST A LA FOIS NUISIBLE ET PASSAGÈRE (Avant-Prop., p. 6).

Les Américains dont vous me parlez, qui, mettant de côté les *dogmes* de la théologie, s'associent sous le nom *primitif* de chrétiens et fondent leur société sur ce qui est *pratique* dans le christianisme, ne sont donc ni pour Saint-Simon, ni pour vous, des *nouveaux chrétiens,* mais plutôt une nouvelle secte *protestante.* De même que le brahmine de l'Inde, ils adoptent les *préceptes* que l'on enseignait, il y a seize à dix-huit cents années, comme si la morale sociale devait *rétrograder* ou même rester *stationnaire.*

Je le répète, Monsieur, tous les réformateurs de nos jours qui veulent de la morale sans DOGME ne sont pas plus dans les voies providentielles que ceux qui veulent de la morale sans CULTE; les uns ne comprennent plus L'ESPRIT du christianisme, les autres sont blessés de la LETTRE : le FOND et la FORME d'une religion épuisée, la THÉORIE et la PRATIQUE d'une croyance autrefois salutaire ne disent plus rien, ni à leur INTELLIGENCE, ni à leurs SENS ; et les rêveries de leurs CŒURS méritent à peine le nom de généreuses utopies, parce qu'elles sont autant IRRATIONNELLES qu'IRRÉALISABLES.

Nous, au contraire, Monsieur, nous prétendons que l'humanité est *progressive;* que son DOGME, SON CULTE, SA MORALE, SA RELIGION tout entière est PROGRESSIVE, et c'est ce que vous paraissez ne pas avoir saisi, ni dans la correspondance de Rodrigues, ni dans la lecture du *Nouveau Christianisme,* ou du moins vous ne tirez pas les conséquences rigoureuses de ce *dogme* fondamental de la doctrine de Saint-Simon, de cette croyance qui a inspiré tous les travaux de notre maître et les nôtres.

Saint-Simon ne blâme pas Luther de ce qu'il n'est pas *retourné* aux véritables principes de la morale chrétienne, mais de ce qu'il n'a pas *continué* le *développement* de ces principes, chose que l'Église catholique avait faite avec zèle, persévérance et talent jusqu'au XIVe siècle. Il s'agit bien en effet aujourd'hui de faire *revivre* les principes du christianisme, si vous entendez par là qu'il faut faire subir une transformation semblable à celle qu'a éprouvée la loi juive par l'Évangile ; mais si vous croyez que l'Évangile soit la révélation *définitive* de Dieu au genre humain ; si, refusant de croire à la parole de Jésus qui lui-même a déclaré n'avoir pas dit *toute vérité* à ses disciples, vous pensez que les destinées humaines ont été *entièrement* révélées au monde, lorsque les disciples eux-mêmes n'étaient pas *assez forts pour les entendre,* il est impossible que vous *approuviez l'ensemble de la doctrine* du *Nouveau Christianisme*.

3° Préocupé avec sollicitude des moyens de réaliser *tout d'abord* ce que vous désirez pour l'humanité, vous avez établi avec l'auteur du *Nouveau Christianisme* une discussion dans laquelle il me semble que vous avez perdu de vue et le caractère du livre que vous aviez sous les yeux et l'esprit même qui préside nécessairement à toute régénération humaine. D'abord quant à ce que vous dites sur la force physique (le pouvoir de César), sur les secours qu'elle peut donner à *l'autorité,* pour forcer d'obéir à la *volonté* des *supérieurs,* vous n'avez sans doute pas en vue l'appui qu'une *doctrine nouvelle* pourrait obtenir des pouvoirs politiques *actuels;* une pareille confiance serait une grande erreur. Le genre de protection qu'une doctrine NOUVELLE peut attendre du pouvoir ANCIEN ne saurait être que *négatif;* ce qu'on peut espérer de plus heureux, c'est que les pouvoirs aujourd'hui constitués exercent une police *libérale,* qui permette à la doctrine nouvelle de s'étendre, de se propager, sans être écrasée par la haine presque générale qu'elle excitera à sa première opposition un peu importante. Ce qu'il faut demander au pouvoir de César, c'est de *ne pas faire* de martyrs et *d'empêcher* le peuple de lapider cette nouvelle espèce de révolutionnaires qui prendront pour patrons les fondateurs du christianisme. Voilà tout ce qu'on peut attendre de lui, et la raison en est simple; car remarquez qu'il y avait plus de chances pour que Dioclétien protégeât des hommes qui disaient : *Rendez à César ce qui est à César,* que pour que ses successeurs prêtent l'appui de leurs forces aux réformateurs qui, comme vous, annoncent à César que sa *destinée définitive* est de disparaître devant la force morale.

Mais d'ailleurs remarquez combien serait imprévoyant et aveuglé par son amour pour l'humanité celui qui penserait pouvoir, dans l'état où se trouve aujourd'hui la société européenne, modifier *tout d'abord* les institutions civiles, politiques, religieuses. Il serait frappé du même aveuglement que celui qui croirait pouvoir *improviser* une hiérarchie cléricale capable de gouverner le monde.

Une aussi grande tâche ne se fait que lentement, peu à peu et comme à l'insu de la société, non parce que ceux qui s'en occupent cherchent *l'ombre* et le mystère, mais parce que, traités d'abord comme des rêveurs, on n'apprécie pas leurs progrès, on ne prévoit pas comme eux les résultats plus ou moins éloignés de leurs efforts.

Vous vous êtes donc souvent mépris quand vous avez cherché dans le *Nouveau Christianisme* des vues d'une application immédiate là où des choses dites au *présent* n'ont d'autre but que de faire sentir l'*avenir* vers lequel nous marchons, et qu'il faut s'occuper dès aujourd'hui de *préparer,* mais non encore de *réaliser universellement.* Ce livre a éminemment le caractère parabolique; c'est dans cet esprit qu'il faut le lire. Ceci m'amène à un dernier point de votre lettre que je désire examiner avec vous.

4° Vous dites que nous devons nous borner, *pour le présent*, à répandre nos principes, à former des associations locales et *indépendantes* qui s'efforcent de réduire *leurs* principes en pratique *dans leur sein*. Les mots que je viens de souligner me paraissent dès à présent en contradiction avec le fait qui se passe entre nous. C'est *hors du sein* de nos associations respectives que nous mettons, vous et nous, en *pratique* aujourd'hui le dogme de fraternité universelle qui *nous* anime; nous cherchons à établir entre nous un LIEN D'AFFECTION, de *doctrine* et D'EFFORTS qui nous rende DÉPENDANTS les uns des autres, qui fasse un même DÉSIR, une même *pensée*, un même *corps* des sommités morales de votre pays et du nôtre, des êtres qui brûlent le plus ardemment d'accomplir, autant qu'il est en eux, aujourd'hui, la volonté ÉTERNELLE de Dieu.

Mon cher Monsieur, que cette idée de *dépendance* ne vous porte pas à voir dans ce que je viens de vous dire un autre sentiment que celui qui nous dirige l'un et l'autre. C'est parce que nous voulons, vous et moi, que tous les hommes forment un jour une *famille* de frères, que je réclame aujourd'hui de vous l'examen et l'adoption d'une doctrine qui seule peut amener ce résultat, car elle embrasse également, comme une seule et même chose, l'aspect *politique* et l'aspect *religieux* de la famille humaine. Le christianisme n'a pas dit inutilement : « Rendez à César ce qui est à César, et à Dieu ce qui est à Dieu » ; dix-huit siècles d'une heureuse lutte de l'*Église* contre le *pouvoir du sabre* ont suivi sa parole. Eh bien, soyez-en sûr, Saint-Simon n'a pas dit et répété inutilement que le pouvoir de *César était impie;* et l'Église vraiment *universelle* embrassant dans une même conception d'AMOUR les intérêts *spirituels* et *temporels* de l'humanité s'élèvera par l'union intime de ces associations que vous nommez *indépendantes,* comme au temps du catholicisme, le Nord et le Midi, l'Orient et l'Occident enfantèrent tour à tour les chefs que Dieu destina à être les directeurs de son *peuple unique.*

Vous dites encore qu'après les efforts *isolés* de ces associations *locales,* on sera à temps d'organiser une hiérarchie et de diriger *toutes* les *forces de la famille européenne* vers les grandes œuvres politiques que nous avons en vue. Mais avant de diriger *toutes* les forces de la famille, il faut combiner *celles* des *aînés* de la famille, et *préparer* à l'avance cette commotion générale, qui serait dangereuse si elle se faisait en désordre, sans unité, sans ensemble. Il faut combiner entre nous cette *hiérarchie cléricale,* qu'il serait absurde de vouloir rendre dès aujourd'hui directrice des affaires de l'humanité, mais qu'il serait également absurde de ne pas instituer parmi les hommes qui, concevant l'*organisation sociale future,* et voulant en hâter la réalisation, doivent former entre eux l'Église ou société *modèle* de l'avenir.

Cette *hiérarchie cléricale* existe entre nous en France; mais vous devez sentir, mon cher Monsieur, que la première condition pour l'établir c'est la communion de sentiments, d'idées et d'efforts; c'est une même croyance dans la volonté de Dieu, c'est la foi en une même révélation; une pareille association ne s'impose donc pas; quand on se sent prêt on accourt, on porte sa pierre à la construction du nouvel édifice; tout est *volontaire* dans cette *dépendance* harmonique, puisque notre dogme *politique* le plus élevé est de donner à chacun la fonction pour laquelle Dieu même a marqué sa vocation.

Si je me suis autant étendu sur cette partie de votre lettre, ce n'était pas seulement pour combattre un moyen d'exécution que je regarde comme vicieux, c'était surtout pour faire sentir que ce moyen n'était que l'expression d'un dogme que j'oserais nommer antisocial, et qui préside aux efforts individuels, même les plus généreux, parce qu'il est prêché depuis trois siècles : en religion par le *protestantisme,* en politique par le *libéralisme,* dans l'industrie par la *concurrence,* en morale par l'*intérêt bien entendu,* dans les sciences par l'horreur pour les *systèmes* et par l'affectation pour l'*analyse* et l'observation des *faits,* dans la littérature par le *romantisme,* enfin partout, parce que partout, en religion, en politique, en morale, dans les sciences, dans l'industrie, dans la littérature, les systèmes du *passé* sont un joug qu'on veut AVEC RAISON briser. Mais lorsqu'un nouveau *lien* d'AFFECTION vient remplacer ce *joug* DESPOTIQUE; lorsqu'il ne s'agit plus de briser, de dissoudre, mais d'*unir;* lorsque le plus grand bonheur du faible sera d'aimer le fort, lorsque le plus grand bonheur du fort devra être d'aimer le faible; alors l'un et l'autre trouveront leur gloire aussi bien que leur joie dans cette *dépendance* mutuelle; alors l'*obéissance* sera pour l'un le *dévouement,* et pour l'autre le plus saint comme le plus cher des *devoirs;* tous sans doute dépendent les uns des autres, car tous sont unis; mais tous sont *libres,* car ils aiment tous leur *dépendance,* et voilà la vraie *liberté.*

Je ne me défendrai pas auprès de vous des reproches que vous avez faits involontairement aux élèves de Saint-Simon d'être en désaccord avec leur maître; je crois que les discussions qui précèdent sont de nature à vous montrer que nous envisageons comme lui le catholicisme et la réforme, rendant à l'un et à l'autre le tribut d'éloges et de blâme qu'ils méritent; il me suffirait d'ailleurs de vous dire que notre tâche exclusive depuis plusieurs années est de comprendre, commenter, développer la doctrine dont le germe est dans le *Nouveau Christianisme.* Je ne doute donc pas qu'une lecture plus approfondie de ce livre et de la correspondance d'Eugène Rodrigues ne fasse disparaître à vos yeux les discordances que vous avez cru remarquer. Ce qui me presse davantage, c'est de répondre au désir affectueux que vous manifestez si cordialement de coopérer avec l'auteur du *Nouveau*

Christianisme à la rénovation religieuse qu'appelle de toutes parts l'humanité.

Oui, Monsieur, une correspondance active entre nous portera un jour ses fruits; nous pourrons bientôt, je l'espère, nous encourager en nous communiquant les idées et les faits qui favoriseront en France ou chez vous les progrès des destinées humaines. Tel n'a pas encore été le caractère de nos relations, il est vrai, mais nous devions nous assurer, les uns et les autres, à l'avance, que nous marchions vers un but commun, et il ne suffit pas pour cela de se connaître réciproquement des intentions pures et généreuses, il faut savoir avant tout si les *espérances* qu'on veut de part et d'autre *réaliser* sont les mêmes; si l'on obéit à une même *pensée,* au même *dogme,* à la même *doctrine.* D'autres que nous, n'en doutons pas, croient aussi travailler au bonheur de l'homme, quoiqu'ils cherchent à le faire rentrer sous le joug d'institutions et de croyances surannées; d'autres encore (et nous-mêmes marchions naguères avec eux) obéissent à de nobles sentiments, lorsque, luttant avec force contre les prétentions des hommes rétrogrades, protestant sans cesse contre l'*ordre* ancien, ils prêchent involontairement le *désordre* sous le nom d'indépendance et de liberté. Ces efforts ne sont pas les nôtres : nous ne sommes ni pour l'Église, ni pour le prêche, ni pour la féodalité, ni pour la représentation nationale; nous ne sommes pas plus esclaves des nobles que courtisans du peuple. Nous cherchons les *Pères* de la véritable famille humaine qui va naître; nous appelons les vierges que Dieu va charger de l'enfantement de son fils bien-aimé, *l'humanité régénérée*.

P. E.

LXIe LETTRE

A RESSEGUIER

Ménilmontant, 30 janvier 1830.

Mon cher Rességuier, Charles m'a remplacé près de vous ces jours-ci; je veux cependant profiter d'un moment de repos que me laisse la maladie de mon père pour vous écrire quelques mots.

Soyez tranquille, cher fils, ma foi en votre amour n'a pas été un seul instant altérée ; j'avais compris très-bien, malgré son obscurité, la phrase de votre première lettre et le doute n'était pas entré un seul instant dans mon esprit.

Oui, mon cher frère, il est temps de donner à la doctrine, pour la compléter, le caractère d'association industrielle que comporte notre époque. Ce premier essai sera sans doute incomplet, bâtard, car nous sommes tous, comme vous, plus ou moins liés à un passé qui tend à s'éteindre, mais qui nous retient encore dans des voies qui ne sont pas celles de la doctrine.

Duveyrier vous a dit que je pensais demander à l'église du Midi 1,000 francs ; mais j'aurais désiré que vous-même m'indiquassiez à l'avance ce que je pourrais attendre de vous tous. Vous avez certainement agi selon la doctrine, en disant : *Imposez-nous ;* mais n'oubliez pas que la doctrine n'est pas, en 1830, ce qu'elle sera dans un siècle ; que nous ne connaissons pas même aujourd'hui la *richesse* de nos frères, aussi bien que, dans l'avenir, le clergé connaîtra la *capacité industrielle* des fidèles. Aussi dois-je m'attendre à recevoir cette année de vous quelques détails sous ce rapport, détails qui m'auraient été nécessaires pour *imposer*. Vous m'avez promis de me parler de vous pendant votre séjour à Paris , cela ne nous suffit pas ; vous aurez à me parler de toute votre église.

La lettre de Combes nous a fait grand plaisir ; elle transpire la doctrine, nous l'avons lue le jour de la réunion pour la mort d'Eugène et l'élection de Duveyrier ; félicitez Combes des progrès qu'il a faits, et dites-lui que nous comptons maintenant complétement sur lui.

Je vous envoie aujourd'hui une lettre des deux Alisse et de Boulland , et la réponse de Bazard. Cette correspondance sera, je l'espère, de nature à déterminer la conviction d'Encely; il verra le côté faible du dogme *ancien* qu'il voudrait allier avec une doctrine générale *nouvelle*, et en même temps, il comprendra la forme que nous donnons au nouveau dogme pour qu'il soit en harmonie avec l'avenir social que Saint-Simon nous a révélé. Je ne parle pas de l'effet moral résultant de cette petite tentative d'hérésie; vous êtes fixé, et Encely sans doute aussi sur sa valeur, cependant ces deux lettres confirmeront votre foi , j'en suis certain , parce qu'elles dénotent clairement où est l'amour, où est la science, et que le maître se révèle avec évidence.

J'aime à vous tenir au courant des événements qui nous font de plus en plus chérir la doctrine : je dois donc vous parler de celui qui me retient en ce moment hors de Paris, la maladie de mon père, parce que, dans cette circonstance, le Père Enfantin a été largement payé de son affection pour ses fils en Saint-Simon ; c'est à moi à *donner* doublement aujourd'hui, mon cher Resseguier, car j'ai reçu au moins autant qu'il m'était possible d'espérer. Chaque nuit un médecin (Jallat ou Dugied) était près de mon père, et deux de nos frères veillaient avec moi; tous les amis de ma famille *chrétienne* étaient dans l'admiration devant les témoignages d'affection que je recevais ; ma mère m'aimait, je crois, davantage, en voyant que j'étais tant aimé, et sa famille s'augmentait pour elle, comme celle d'une mère qui embrasse les enfants de son fils. Je me suis rappelé alors ce que dit Duveyrier dans une de ses lettres sur l'influence qu'exercera, pour la conversion des hommes qui nous entourent, l'exemple de notre amitié saint-simonienne ; cela vaut en effet toutes les démonstrations d'Auguste Comte. Je n'ai pas sous les yeux vos dernières lettres; aussi celle-ci n'est-elle pas une réponse; j'avais besoin de causer avec vous, comme j'ai eu plus besoin que jamais d'avoir près de moi quelques frères, pendant toutes les inquiétudes que nous avons eues pour mon père, inquiétudes qui durent encore.

Amitiés à Encely, Marquier, Bouffard, Combes, Gastier et Borrel; pressez l'initiation de Lades, et Encely celle de Redon; passez quelques jours à Castres avant votre voyage à Paris, et occupez-vous des Guibal et de l'abbé Rocques (c'est je crois son nom). Quant à Poupot, j'ai lu son discours; c'est horriblement indigeste; mais une idée curieuse pour un chrétien, c'est qu'il paraît admettre ceci, savoir : que l'humanité a commencé par le fétichisme, est passée ensuite au polythéisme pour arriver au monothéisme; ce qui détruit de fond en comble la genèse, le péché originel, en un mot toutes les traditions chrétiennes. Sa passion pour l'éclectisme lui a fait croire qu'on pouvait prendre cela dans la doctrine sans être obligé de quitter le christianisme; cela prouverait un manque de logique chez les chrétiens, chez Poupot, ou chez nous; chez les chrétiens, parce que pour eux le premier fait divin est la révélation d'un seul Dieu, et que l'idolâtrie n'est jamais qu'une dégénérescence; chez nous, puisque cette série nous confirme les espérances que nous fondons sur l'Eden dans lequel l'humanité va se précipiter; chez Poupot, parce que si l'humanité a commencé par le fétichisme, il ne saurait y avoir un péché à l'abandonner.

Adieu, cher frère, aimez-nous toujours comme nous vous aimons.

P. E.

LXIIE LETTRE

A RESSEGUIER

Commencement de 1830.

Vous nous avez donné, cher fils, de nombreux enfants, et cependant malgré leur amour pour vous, leur reconnaissance pour nous, ils ne nous sont pas encore attachés par les liens de la filiation saint-simonienne. L'église du Midi n'est pas encore constituée, ses membres sont unis par un sentiment qui n'est pas le nôtre; notre vie ne s'est pas répandue jusqu'à eux, ils ne sont que chrétiens puisqu'ils sont *frères.* Dès aujourd'hui, qu'ils soient vraiment saint-simoniens, qu'ils soient les fils de notre fils, les pères de tout ce qui reçoit par eux la parole de vie. Donnez le baiser de père à Borrel, l'ingénieur, à Bouffard, Combes, Encely et Marquier; notre affection les appelle au second degré de la famille humaine; nous les chargeons de répandre, *sous votre inspiration paternelle,* la vie saint-simonienne sur le vieux monde dont vous avez si bien commencé la régénération. Dites à Bouffard et Combes que Castres est remis par nous en leurs mains; à Marquier que Carcassonne et Toulouse lui appartiennent; à Encely et Borrel qu'ils nous répondent de Castelnaudary; à tous, particulièrement à Marquier, Bouffard et Borrel qui sont plus libres des liens du vieux monde, qu'ils doivent, missionnaires de l'avenir, sillonner le Midi, y semer la parole nouvelle; dites-leur que tous leurs efforts doivent tendre à donner autant qu'ils ont reçu de vous; à se faire aimer comme ils vous aiment, enfin à fonder leur *autorité* sur des titres semblables à ceux qui vous ont mérité celle que vous avez sur eux.

Apprenez-leur surtout combien nous serons heureux de sanctionner cette autorité, comme nous bénissons aujourd'hui la vôtre, lorsque nous pourrons faire pour eux ce que nous faisons pour vous, leur donner des fils.

P. E.

LXIIIE LETTRE

A RESSEGUIER

2 février 1830.

Mon cher Resseguier, depuis longtemps nous vous donnons de pénibles nouvelles, tandis que vous nous procurez des joies qui chaque jour deviennent plus vives. L'église du Midi marche rapidement. Marquier, Encely, Bouffard et Combes (j'ajoute aussi Gastier dont vous m'avez peu parlé dernièrement, parce que vous le confondiez sans doute avec Éncely, mais dont je connais toute l'affection pour nous), forment autour de vous votre *petit mercredi*, votre concile provincial, et chacun d'eux comme ici a ses fidèles qu'il amène à nous.

Nous vous embrassons chaudement, Bazard et moi, et nous vous attendons avec impatience pour prendre place dans le collége dont vous faites partie dès aujourd'hui.

Vos frères Duveyrier, Laurent et Margerin vous expriment par moi le bonheur qu'ils éprouvent à vous voir avec eux près de nous, à la tête de la doctrine, et tous nos fils vous recevront avec l'affection que vous avez si bien acquise par votre amour pour nous.

Barrault et d'Eichthal vont vous écrire; un lien nouveau vous unit à eux. Tous trois entrés le même jour dans le collége, tous trois vous nous avez donné des preuves égales de dévouement pour la doctrine.

Rodrigues attendait ce jour avec impatience; c'est un bonheur que nous lui procurons, Bazard et moi, et cela augmente le nôtre.

Saint-Simon, Eugène et Vandermark se réjouissent.

Réunissez vos fils pour leur apprendre cette

bonne nouvelle ; qu'ils se rappellent plus vivement que jamais que sans vous le nom de Saint-Simon ne dirait rien à leur cœur ; que sans vous, nous qui les chérissons, leur serions inconnus ; — qu'ils éprouvent ce sentiment si doux qui nous attache à celui qui nous a donné l'être, à celui qui n'a pu vivre qu'en répandant sa propre vie sur ses frères, et en attirant à lui une partie de la leur. Enfin que le jour où ils verront un maître qu'ils aiment plein de joie et d'amour, ils sentent leur propre existence se compléter, s'accroître, s'étendre ; dans ce moment où leur cœur battra plus vite, qu'ils éprouvent le besoin de se jeter dans vos bras, et bientôt après de courir à la recherche d'autres vies qui manquent à la leur, d'autres frères qu'ils doivent aimer.

P. E.

Sur les copies envoyées par Resseguier, il y a à la suite de cette lettre le passage suivant :

Votre dernière lettre, et les lignes que Marquier y a jointes nous ont fait un grand plaisir ; Marquier a exprimé avec bonheur sa communion saint-simonienne, sous ses *deux espèces :* Amour et science ; et vous, mon cher Resseguier, en répondant au nom de vos frères du Midi à la demande du diaconat, vous nous avez montré qu'ils comprenaient la troisième face de la doctrine.

Je suis bien aise de voir que nos prévisions sur les ressources que l'école devait attendre de votre Église se trouvent justifiées; notre affection pour vous nous fait *deviner*, avant vous-même, ce que vous pouvez faire pour la doctrine; elle vous donne aussi des forces pour l'accomplir.

D'ici à peu de jours nous vous enverrons quelques manuscrits; je n'ai pas le temps d'écrire à Encely, dites-lui que nous travaillons tous pour lui dans ce moment : que sa foi ne s'affaiblisse pas ; la solution qu'il attend de nous sera celle que Dieu donne à ceux qui l'aiment aujourd'hui. Mais dites-lui de travailler aussi de son côté; qu'il ne se borne pas au rôle de *vérificateur;* qu'il *découvre*, c'est le véritable moyen de s'élever; qu'il sente ce que l'avenir aimera, c'est la fonction de l'homme qui brûle du désir d'améliorer le sort de l'espèce humaine.

Adieu, cher fils.

P. E.

LXIVe LETTRE

A THÉRÈSE

Ménilmontant, 4 février 1830.

Pas un mot de toi depuis bien longtemps, ma chère Thérèse, et cependant j'avais plus besoin que jamais, pendant cette quinzaine, de me sentir près de tous ceux qui m'aiment. Saint-Cyr et Camille vous ont tenu au courant de la maladie de mon père ; tous deux ont été d'un zèle, d'une assiduité qui nous ont été fort utiles ; Saint-Cyr a passé plusieurs nuits, et c'est un garde-malade excellent, toujours l'œil ouvert : papa, d'ailleurs, le voyait avec plaisir, l'écoutait ; il n'y avait même à peu près que lui et moi qui pussions, avec M. Peraudin, lui faire faire ce qui convenait. Je pense que Saint-Cyr n'aura pas manqué de vous donner beaucoup de détails sur cette maladie, et principalement sur la manière dont papa a été soigné et traité par la doctrine. Jamais prince n'a été entouré comme il l'était, et ce n'est que par ces soins extraordinaires que cette guérison miraculeuse a été obtenue. Un médecin près de son lit chaque nuit, Saint-Cyr, maman ou Édouard Lievrel et moi préparant les cataplasmes, tisanes, sinapismes, vésicatoires. Deux doctrinaires de planton dans une autre chambre, toujours prêts à trotter à Belleville ou Paris, chez l'apothicaire ou chez Peraudin. Enfin constamment quatre ou cinq personnes sur pied ; voilà le service qui a été organisé auprès de la personne du père de l'un des chefs de la doctrine; c'est à elle, c'est à Saint-Simon que papa doit la vie.

Au moment où cette maladie m'a appelé ici, nous venions d'être frappés dans la doctrine d'un événement dont je comptais te faire part. L'un des disciples les plus ardents de Saint-Simon, l'un de nos meilleurs frères, celui qui avait fait faire, depuis un an, le plus de pas à la doctrine, Eugène Rodrigues, après une maladie de huit jours, nous a quittés. L'*Organisateur* que tu auras sous les yeux en même temps que cette lettre renferme une lettre de Duveyrier qui te donnera les détails de cet événement. — Hier encore nous avons rendu les derniers devoirs à l'un de nos frères (Vandermark), mort d'une manière affreuse, broyé par la roue d'une machine à vapeur, dans une fabrique qui lui appartenait; il laisse une jeune femme et un enfant : heureusement il avait de la fortune. Nous apprenons au même instant la mort d'un Anglais qui nous donnait de grandes espérances (Tooke), quoiqu'il ne fût pas encore complétement à nous, et qui, dans un accès de fièvre chaude, s'est détruit.

Et nous disons, gloire à Dieu! gloire à Dieu qui nous met en présence de la mort pour nous révéler plus clairement la vie éternelle. Gloire à Dieu qui éclaircit nos rangs pour nous apprendre à les serrer davantage; et en effet chaque jour les membres de la famille saint-simonienne se rapprochent de plus en plus, pour ne former qu'un seul corps; mes fils de doctrine soignent mon père comme s'ils étaient ses enfants; nous entourons la famille d'Eugène comme si elle était la nôtre, et au milieu de tous les parents, de tous les amis du siècle, c'est nous qui sommes le plus attachés à Eugène, c'est nous encore qui montrons le dévouement le plus affectueux pour l'homme qui a donné le jour à notre maître, à notre père, à notre frère, à Prosper Enfantin.

Si j'avais eu besoin, mes chères amies, de

corroborer mon amour et ma foi; si, faible dans mes croyances, il m'avait fallu de nouvelles et paternelles leçons de Dieu pour me faire chérir la doctrine, elles m'ont été données ces jours-ci; et moi qui brûlais déjà pour elle, moi que Saint-Cyr trouve enthousiaste par nature, vous sentez combien je dois jouir, combien je dois remercier Dieu qui, par Saint-Simon et par Rodrigues, et par tous mes autres frères, m'a donné d'aussi vives jouissances, inconnues de tout ce qui vit hors de nous.

Duveyrier disait dernièrement que ce serait en voyant comme nous nous aimons que les masses viendraient à nous; il avait bien raison. Pourra-t-on résister, aujourd'hui que l'on trouve partout l'égoïsme, à ces témoignages d'affection désintéressée? Ne cherchera-t-on pas à se rapprocher de ces hommes qui se traitent comme des frères, lorsque partout ailleurs les frères eux-mêmes se traitent en ennemis? Et dans un siècle comme le nôtre, une pareille union ne vaut-elle pas bien des miracles?

Oui, ma chère Thérèse, c'est ainsi que Dieu nous a permis de changer ce que les moralistes de nos jours pourraient appeler la loi de la nature humaine, l'égoïsme ; c'est ainsi qu'il nous fait trouver nos joies dans la *dépendance* où nous nous mettons les uns à l'égard des autres, lorsqu'autour de nous chacun recherche *l'indépendance;* mais aussi nous qui vivons de la vie de nos frères, nous qui, élargissant chaque jour le cercle de notre existence, sentons qu'elle n'est pas toute renfermée dans les bornes étroites de notre individu, nous qui ne pourrions mourir tout entiers que par la mort de tout ce que nous aimons, nous jouissons dès aujourd'hui de l'immortalité; la vie éternelle nous est acquise, et nous voyons ce qu'elle nous promet de bonheur.

Je ne voulais que te donner des nouvelles de papa aujourd'hui, car j'ai encore peu de temps à moi, et voilà que je te parle encore doctrine; papa est bien, fort bien pour une pareille maladie et pour son âge; les médecins sont très-contents; il n'y a plus auprès de lui qu'une garde la nuit; j'espère que d'ici à peu de jours il sera en pleine convalescence. Dès à présent, s'il ne commet pas d'imprudence, nous pouvons le regarder comme sauvé, après avoir été condamné par trois médecins.

Adieu, écrivez-moi donc. Émile garde toujours un silence imperturbable; je ne sais réellement pas comment la vie qu'il mène peut lui suffire;

il y a dix ans il cherchait à respirer un peu plus d'air ; les murs de Romans l'étouffaient davantage ; aujourd'hui il vivrait, je crois, dans un cuvier. Bedoin m'écrit, il est vrai que c'est pour me prier de prendre garde d'aller à Charenton, mais au moins il écrit, et il y a double mérite pour lui, car il n'écrit pas avec la même facilité qu'Émile : faites au reste mes amitiés à tous deux ; mais dites à Émile qu'il doit m'écrire ce qu'il pense de De Maistre, Lamennais, saint Augustin et peut-être saint Thomas.

T'ai-je dit que Paul Bigot était tout à nous? il a légèrement ébranlé sa sœur ; tu dois en être contente, car Adèle ne croyait à rien ; au moins elle croirait à quelque chose.

Tu ne m'as pas donné de nouvelles de notre jolie petite cousine Marie ; c'était sans doute pour ne pas répondre directement à la lettre où je te parlais d'elle. Je fais aujourd'hui comme toi, et ne réponds pas à la dernière que tu m'as écrite, je la regarde comme non-avenue ; seulement comme tu me demandes à la fin des nouvelles de quelqu'un (Arthur), je te dirai que ce quelqu'un est bien portant, mais que le jour même de la mort d'Eugène je recevais une lettre qui m'annonçait que dans un accès d'une maladie fréquente à son âge, on s'attendait à le voir succomber ; depuis il s'est rétabli : il est bien, je vais le voir deux fois tous les mois.

Adieu, mes chères amies, je vous embrasse.

P. E.

(Thérèse ne m'a pas encore répondu pour l'abonnement de l'*Organisateur* qui vous est envoyé ; c'est à moi qu'elle doit dire si elle veut continuer à le recevoir ou si elle refuse).

LXVe LETTRE

A DUFRESNE [1]

ancien ami d'Olinde Rodrigues.

Février 1830.

Mon cher Dufresne, au moment où vous étiez malade, j'étais auprès de mon père, que la doctrine a sauvé ; il n'est encore qu'à un commen-

1. Cette lettre est bonne, elle a été d'un effet nul quant au pauvre Dufresne, qui a traîné encore quelque temps sa vie

cement de convalescence, et son état m'oblige à lui consacrer tous les moments que la caisse et mes occupations de doctrine me laissent libres; j'aurais cependant besoin de vous parler, ne le pouvant, je vous écris.

Moi, Duveyrier, d'Eichthal, Carnot et Pereire, qui sommes parmi les membres de la doctrine ceux dont la position pécuniaire est la meilleure, nous sommes chargés des intérêts temporels de la doctrine. L'*Organisateur*, les deux volumes que nous publierons cette année, notre salle de la rue Taranne, des correspondances actives, un logement convenable pour des réunions quotidiennes (nous venons de le louer dans la maison où est le *Globe*, au-dessous de lui), en voilà plus qu'il n'en faut pour vous faire concevoir que nous avons dû, depuis quelque temps, prendre nos mesures pour subvenir à toutes ces dépenses; nous l'avons fait; nos meilleurs frères en Saint-Simon ont été avertis et ont répondu à notre appel. Je suis sûr que vous en éprouverez une joie vive, car c'est une preuve de nos progrès, et il y a quatre ou cinq ans

épuisée, mais elle a contribué puissamment au développement du diaconat dans notre sein.

Sainte-Pélagie, 4 janvier 1833.

nous aurions cru être bien exagérés en concevant pour aujourd'hui des espérances pareilles.

Vous aussi, mon cher ami, deviez être tenu au courant de ce que nous faisions, car malgré l'inactivité doctrinale à laquelle votre faible santé vous condamne, nous vous savons attaché à la doctrine et aux hommes qui la cultivent et la propagent; nous savons que vos espérances politiques, que vos études philosophiques sont toutes dans les travaux de Saint-Simon et les nôtres; à partir de cette année, à partir du moment où je vous écris, la doctrine n'est plus un être de raison; elle est organisée, elle a une vie régulière, elle forme un corps. Sa hiérarchie est constituée solidement, car cette hiérarchie est aimée; ses travaux d'élaboration et de propagation s'exécutent avec ordre, car les bases scientifiques sont connues et notre méthode assurée. Enfin elle est matérialisée, car elle a un *revenu,* et une *administration temporelle* lui est nécessaire. Nous ne sommes encore, sans contredit, qu'une image imparfaite de la société de l'avenir; mais c'est dans notre sein que la grande société humaine doit revêtir d'abord ses formes saint-simoniennes. Nous devons donc bénir le moment où nous nous séparons des écoles philosophiques, des sociétés philanthropiques pour nous constituer : *secundùm ordinem St-Simon..!*

A l'époque où nous voulions reprendre le *Producteur,* vous aviez fait partie des réunions qui avaient pour but d'assurer son existence matérielle. Depuis ce moment, nous ne vous avons plus parlé des besoins de la doctrine, et les sacrifices pécuniaires que vous étiez alors disposé à faire pour nous aider (vous aussi bien que Vieillard), se sont convertis en un abonnement à l'*Organisateur*. Je ne voulais m'adresser à vous qu'au moment où nous aurions une marche plus arrêtée, une prévision plus certaine des actes à faire, qu'au moment où tous les fidèles pourraient savoir que nous aussi avions un budget, puisque c'est la mode ; mais un budget qui se différencie du budget libéral par les formes despotiques qui président à son administration. Vous qui ne craigniez pas le despotisme suivant Saint-Simon ; vous qui saviez quels sentiments nous animent tous, deviez être surpris sans doute que la doctrine qui relève d'un maître auquel le monde a donné souvent le nom de solliciteur ne vous ait pas adressé quelque pétition, pour vous engager à contribuer à ses besoins, à soutenir matériellement son existence. Eh! bien, ce n'est pas même une pétition que je vous adresse, c'est un *ordre* que vous donne votre *père*, votre frère en Saint-Simon.

Mon cher Dufresne, que faites-vous de ce que vous avez d'amour, d'intelligence et de fortune? Ce n'est pas un reproche que je vous adresse, ou une leçon de doctrine. Vous êtes à l'état de fétichisme à presque tous les instants; dans d'autres vous êtes à l'état critique parfait; votre triple activité n'est en jeu que dans votre *intérieur* ou au *billard*, c'est-à-dire dans les églises de ces deux époques de l'humanité et de l'homme. Vous aimez la doctrine et cependant vous la connaissez, vous la savez à peine, car les travaux qu'elle fait, vous ne pouvez les suivre; vous aimez la doctrine, et cependant vous la laissez se produire, agir, vivre, sans vous mêler à ses actes, sans vous inquiéter de ses joies et des difficultés qu'il lui faut vaincre; je le répète, ce n'est pas un reproche que je vous fais, puisqu'à presque tout ce que je vous dis-là je me réponds pour vous : *La santé*.

Mais qui vous a dit que votre santé même

ne trouverait pas un soutien, un aliment dans la doctrine? Qui vous a dit qu'entouré quelquefois de vos frères et ne vous occupant pas alors de questions scientifiques, travail qui paraît vous nuire, mais parlant de nos progrès, des conversions qui s'opèrent, des chagrins et des joies que nous éprouvons, des progrès de nos affections fraternelles, des femmes qui célèbrent déjà leur affranchissement, vous n'auriez pas une vie plus longue et meilleure? Croyez-vous que des conversations d'oisifs puissent avoir une influence plus heureuse sur tout votre être que celles où vous puiseriez des espérances pour les autres et pour vous-même? Et lorsque je vous voyais, il y a peu de temps encore, sortant du lit de douleur, venir vous fouetter le sang par des parties de billard longues et fatigantes; lorsque je savais que vous, pauvre malade, au régime encore, vous déjeuniez comme un homme en santé, je me disais : où va-t-il chercher la vie? Il faut à son âme de l'activité, et il ne vient pas à nous! Il faut à son esprit un aliment, et il calcule des carambolages, le nombre de points qu'il peut donner ou recevoir, la manière de faire perdre à un homme quelques pièces de métal!

Ainsi, par une fausse idée que vous vous faites de ce qui convient à votre santé délicate, non-seulement vous vous privez des seuls remèdes qui vous conviennent, mais précisément à cause de cette privation qui vous laisse veuf d'émotions vraiment organiques, celles auxquelles vous avez recours doivent arrêter toute convalescence. Vous avez été très-mal dernièrement, mon cher Dufresne, et pendant toutes vos souffrances, vous n'avez pas vu une figure de doctrinaire; Vieillard même n'était pas près de vous; tandis que la maison de mon père ne désemplissait pas, je puis le dire, des nouveaux enfants que je lui ai donnés: est-ce votre cœur que j'en accuse? Non, sans doute, vous étiez passif dans un pareil moment. Mais votre chambre, quand vous étiez malade, n'était que l'abrégé de votre salon quand vous êtes en santé. Je ne puis donc pas et vous ne pouvez pas non plus accuser les membres de la doctrine de ne pas s'être montrés plus pénétrés de vos souffrances. Nous sommes tous restés, vous et nous, dans une position qui ne convient ni à votre véritable attachement pour la doctrine, ni à notre sincère affection pour vous; et tout cela, je le répète, n'est qu'une conséquence de votre vie habituelle, qui est une contradiction perpétuelle dont votre santé ne peut que souffrir.

Je dis que votre vie est une contradiction perpétuelle, et je suis sûr que vous m'approuverez lorsque réfléchissant à notre fin commune sur les destinées de l'humanité tout entière, vous descendrez de la vie collective dont vous connaissez le but à votre vie individuelle à laquelle je vous défie d'assigner un but jusqu'à présent. En quoi concourez-vous à la marche progressive de l'humanité? Si vous pouviez répondre que vous n'avez aucune possibilité d'y contribuer, je ne vous ferais pas même cette question; je ne voudrais pas augmenter le chagrin que vous éprouveriez sans doute à vous sentir instrument perdu, impuissant au bonheur des autres; mais je suis sûr au contraire de répandre sur vous un baume meilleur que toutes les ordonnances de M. Double; je vous fais éprouver dès aujourd'hui le bonheur qui est attaché à tout acte par lequel nous nous sentons liés à la vie de tout ce qui nous entoure.

Soyez donc plus confiant dans la toute-puissance de la doctrine, mon cher ami; croyez que si M. Double sait mieux que moi les moyens de réveiller, de soutenir, de raviver tel ou tel organe souffrant en vous, je sais mieux que lui comment L'UNITÉ de votre être doit se nourrir doit être aimé. Songez que lorsque nous n'avons pour nous attacher à la vie que des affections individuelles, si notre constitution exige des affections sociales, larges, généreuses, nous languissons comme les âmes en peine du purgatoire qui cherchaient une vie meilleure et qui n'avaient rien autour d'elles qui pût compléter leur existence.

Notre cher Vieillard est presque au point où vous en êtes ; il croit, lui qui professe tant d'admiration pour ce qu'il appelle la doctrine, qu'il peut et doit vivre dans une vie à peu près individuelle, et nous laisser faire chacun de notre côté ce qu'il fait du sien, *ad majorem Dei gloriam* ; il se trompe et la doctrine aussi bien que lui ne vivent pas d'une vie complète, d'une vie saine ou sainte, tant que les individualités ne se forment pas par corps, tant qu'elles ne se cherchent pas pour se fondre de plus en plus dans une vie commune. La différence qui existe sous ce rapport entre Vieillard et nous devrait lui faire sentir, lorsque son esprit doute, de quel côté est la vérité. Et là ceci est la vérité, là est la vie. Nous avons fait tous nos efforts pour le voir souvent; pour lui faire rechercher des doctrinaires plutôt que MM. Lavalette et Villemain, sans qu'il négligeât pourtant ceux-ci. Nous voulions le voir à l'affût de chaque progrès de la doctrine, cherchant à lire les correspondances, les divers travaux auxquels l'école donnait son approbation, s'occupant de nos progrès, agissant pour des conversions de concert avec nous; enfin prêt à s'enrégimenter dans l'armée saint-simonienne. Pas du tout; il crie contre la critique et il a des habitudes critiques; il prêche l'ordre, et il a peur de perdre avec nous sa liberté; il veut une doctrine unitaire, liante, sociale, et il est toujours seul de son opinion, toujours luttant (pour la doctrine, il est vrai) dans les salons où il n'y a pas société. La doctrine est une divinité, la seule divinité qu'il adore, suivant lui, et l'enseignement élémentaire prend un mercredi, c'est-à-dire précisément le jour où il aurait pu, s'il avait voulu, se trouver réuni avec les vingt personnes qui rendent à sa divinité le culte qui lui plaît le plus, car ce sont les chefs, les maîtres, les prêtres de la doctrine qui officient en famille ce jour-là; on ne l'y voit pas.

Mais Vieillard est mal portant aussi, direz-vous peut-être; c'est précisément pour cela qu'il devrait se rapprocher de nous. La doctrine, si elle donnait à ses enfants une nourriture autre ou plus forte que celle qu'ils peuvent supporter, n'aurait pas d'avenir: car c'est sur ses enfants qu'elle compte pour cela, et elle a besoin de toutes leurs forces. Croit-il que nous lui donnerions à faire des travaux de casse-tête? Nous sommes plus habiles, il lui faut des travaux qui brisent son cœur critique, qui fassent sortir de cette enveloppe de marbre le cœur organique qu'il a laissé gâter par son contact avec ce qu'on nomme aujourd'hui la science. Nous lui ferions sentir, ce qu'il ne croit pas sans doute, que ce sont précisément ces malheureuses croyances scientifiques (qu'il a reçues d'un siècle qu'il combat lui-même) qui portent le trouble dans cette pauvre tête: il croit la ménager, et les efforts qu'il est obligé de faire lorsque, marchant seul comme il le fait, une difficulté logique se présente à lui, la mettent en feu et la déchirent. Croyez-vous, par exemple, que dans ce moment où il pleure sa mère, il s'occupe moins qu'il ne le ferait près de nous, de ce divin problème: la vie future? Et s'il s'en occupe, pense-t-il que la solitude où il est, que son éloignement des hommes qui s'en occupent avec autant de sollicitude que lui, soient des conditions favorables à la solution, quelle qu'elle soit ?

La solitude est le frein des poètes critiques et des chrétiens qui gémissent. Lamartine dit, en parlant de Dieu : *C'est au fond des déserts que je vais te chercher;* mais nous, qui ne devons pas être les poètes de la mélancolie, nous qui avons sans cesse à dévoiler aux hommes des joies nouvelles puisées dans leur *amour croissant* les uns pour les autres, pouvons-nous attendre autre chose que le néant et l'erreur de la solitude ?

Il y a deux manières aujourd'hui d'être seul pour un saint-simonien : c'est de fuir tous les hommes, c'est aussi de vivre avec les hommes qui n'ont pas été éclairés par la parole nouvelle. Être seul, c'est ne pas vivre avec nous.

Dès que j'aurai une soirée libre, mon cher Dufresne, j'irai vous voir ; je ne vous ai pas ménagé en vous écrivant aujourd'hui une aussi longue lettre; une pareille lecture est bien fatigante, voilà ce que dirait M. Double, s'il l'apprenait; et moi je vous réponds qu'après m'avoir lu, vous vous sentirez mieux ; que vous serez plus calme, parce que vous serez plus content et de nous et de vous ; que vous aurez plus de forces, parce que vous sentirez qu'elles vous sont nécessaires ; enfin vous vivrez plus complétement, parce que vous nous aimerez mieux, et que vous compterez sur notre affection.

Si vous preniez quelquefois la plume pour dire bonjour à vos amis, écrivez-moi quelques lignes.

P. E.

LXVIe LETTRE

A THIBAUDEAU

Février 1830.

Il paraît que vous travaillez comme un bienheureux, mon cher Thibaudeau, et vous avez raison; mais un petit mot à la doctrine de temps à autre nous aurait fait bien plaisir. Nous ne vous voyons plus du tout ; vous ne nous écrivez plus même des injures lorsque l'*Organisateur* ne vous convient pas, ce qui peut lui arriver quelquefois; vous nous traitez comme si, voulant rester dans le vieux monde, le monde nouveau vous était indifférent.

On me dit que vous amassez des montagnes de billets de banque; que sous vos heureuses mains le sable devient or; que vous retirez autant des mines d'Espagne, qu'Aguado a pris dans les mines de France; et la doctrine ne s'en doute pas, et l'*Organisateur* qui ne vit pas de cristal ni surtout de *flint glass*, mais qui fournit les meilleurs télescopes du monde pour voir le passé et l'avenir, ne sait pas si vous êtes content, si vous vous servez utilement et agréablement de celui qu'elle vous a vendu!

Puisque la veine est bonne, profitez-en; mais si vous n'êtes pas de l'Église nouvelle, soyez du moins un de ses fidèles, un fils soumis, affectueux, attentif. Venez quelquefois voir nos riches, vos pères et grands-pères, vos grands parents qu'il faut toujours honorer, si l'on veut vivre longuement disait l'Église.

Plus de plaisanterie, voici du sérieux; pour être ce que vous n'êtes pas dans la doctrine, un instrument actif, pour publier l'*Organisateur,* pour faire imprimer sous peu de temps, un et bientôt deux volumes; pour avoir une salle en attendant une Église; pour former bientôt un modèle (très-imparfait) du couvent ou de la caserne, selon Saint-Simon; pour entretenir des correspondances, il faut (Saint-Simon ne nous en a pas dispensés), il faut de l'argent.......

Cher frère, vous avez mis tant de lenteur à m'apporter votre offrande pour l'*Organisateur* que je vous ai adressé, que vous allez me faire le plaisir d'y joindre les intérêts très-composés. Nous sommes de bonnes âmes qui ne voulons que le *bien* du prochain; donnez-nous un peu du vôtre; nous ne sommes pas exigeants, et enfant de la liberté, nous vous laissons libre de fixer le taux des intérêts, nous réservant d'ailleurs le droit de revenir à la charge, si vous êtes trop timide, si vous abaissez trop ce qui doit être élevé.

P. E.

LXVIIe LETTRE

A MADAME A....., SŒUR DE FÉLIX V......

Mort victime d'un accident dans sa manufacture.

Février 1830.

Madame, l'homme que votre cher Félix nommait avec tant d'affection son père en Saint-Simon, éprouve le besoin de vous écrire.

J'ai lu plusieurs de vos lettres à la chère Élisa; j'y ai trouvé ce dont il m'avait parlé si souvent: un cœur si bien fait pour le sien, une sœur pleurant comme la plus tendre mère; et je vous ai rendu pour Félix mille actions de grâces, en lisant les paroles d'amour que vous faisiez entendre à sa veuve désolée.

Écrivez-lui souvent, Madame, et pour elle et pour vous; toutes deux vous avez besoin de vous sentir unies, de lier intimement ce que ce pauvre ami ne séparait pas dans son cœur, ce qu'il chérissait si ardemment, ce qui faisait toute sa vie. A chaque instant n'était-il pas tout à son Élisa, tout à sa sœur, comme il était tout à Saint-

Simon? Aimez-vous comme il vous aimait, et laissez-moi vous tendre une main fraternelle. Félix sera content de nous.

Félix sera content de nous! et cependant j'ai vu dans une de vos lettres cette idée cruelle : Il n'est *plus d'avenir pour lui.* Ah! comme il a pleuré avec vous lorsque vous écriviez ces paroles douloureuses! Et qui donc, si ce n'est lui, au moment où je les lisais, m'a pressé de raffermir votre foi défaillante? Qui donc m'aurait dit ce que j'écris à mon tour : *Ma sœur a besoin de moi,* si ce n'était ce cher Félix qui vit en moi, et qui veut avoir en nous un avenir que votre désespoir lui refuse? Quoi! vous si confiante dans la bonté de Dieu, vous pourriez penser que celui qui pendant sa vie d'un jour avait sans cesse les yeux fixés sur le lendemain d'éternel bonheur qu'il annonçait à ses frères; vous pourriez penser que ce nouveau jour ne serait pas fait pour lui! A qui Dieu aurait-il réservé une aussi belle récompense? Relisez les lettres qu'il vous écrivait depuis quelques mois; quoiqu'il ne me les ait pas montrées, je suis sûr de connaître ce qu'elles renferment : sa chère doctrine, son Élisa; l'une lui donnait une vie nouvelle, l'autre, il brûlait de la régénérer comme il avait été régénéré lui-même; la doctrine, qui élargissait son cœur déjà si aimant, lui dictait ces tendres reproches qu'il adressait à celle qu'il avait voulu amener à son Dieu. Tu ne m'aimes pas comme je voudrais être aimé, tu n'aimes que moi; ton cœur se resserrera si tu n'y laisses pénétrer que ta mère, ton enfant et moi : bientôt les larmes du monde entier couleraient près de toi sans t'émouvoir, le bonheur de tes frères te trouverait insensible, peut-être même te ferait-il souffrir. Et lorsqu'il vous parlait des joies que Saint-Simon lui avait données, lorsqu'il s'efforçait de vous les faire partager, chaque jour il vous faisait découvrir, dans son cœur que vous connaissez si bien, de nouvelles richesses.

Que son œuvre se continue, que ses espérances s'accomplissent, qu'il se rapproche par nous et avec nous, du Dieu dont son âme pure réfléchissait la bonté infinie! C'est à nous trois que Félix demandait le bonheur, c'est à nous trois à le lui donner.

Je vous écris comme à une sœur; le pourrais-je, si je n'avais la ferme conviction *qu'en ce moment même,* notre cher fils établit entre vous et moi le lien d'affection, de confiance qui nous unissait déjà, *vous et moi*, dans *son* cœur?

aurais-je pu, aurais-je dû m'approcher de cette pauvre Elisa, qui ne me connaissait que par lui, et, la première fois que je la voyais, prendre près d'elle la place d'amitié la plus tendre, si je n'avais pas senti que cette amitié était une partie de Félix lui-même, qu'il nous avait déjà rapprochés en lui, et que la mort n'avait fait que développer cette portion si chère de sa propre vie ; oui, Félix jouit des efforts que je fais et que je ferai sans cesse pour donner ma vie nouvelle aux deux êtres qu'il aimait de toute la puissance de son âme ; il voit qu'il ne s'était pas trompé lorsqu'il comptait sur moi, lorsqu'il croyait en moi. Ah ! croyez-moi aussi, il est encore un avenir pour lui.

J'ai prié votre sœur, que vous nommez tendrement votre fille, de vous écrire souvent ; elle le fera, elle sait qu'elle remplit par là les désirs de l'ange à qui Dieu avait confié son bonheur, et qui par vous, par moi, par tout ce que son ange aimait, veillera toujours sur elle.

Mais pour réaliser les espérances que Félix fondait sur elle, pour qu'un jour, au jour de l'union éternelle, elle se présente à lui plus aimante, meilleure encore qu'elle ne l'était à l'instant de leur union d'un jour, pour qu'elle soit telle enfin que Félix se la promettait, il ne faut pas la rattacher à la vie en ne lui parlant que d'un fils qui réclame ses caresses, d'une mère qui compte sur ses soins, d'une sœur qui a besoin de son amitié ; il est un être qui veut par-dessus tout son amour, et cet être, il vit en nous tous ; chacun de nous, même celui qui mérite le plus notre tendresse, n'est qu'une parcelle de son existence infinie ; comme Félix, elle aimera mieux son fils, sa mère et nous-mêmes, lorsqu'elle sentira son cœur s'élever vers Dieu, s'étendre pour s'unir à lui chaque jour davantage, c'est-à-dire lorsqu'elle éprouvera cette tendre bienveillance qui nous fait chérir tous les hommes, parce que nous voyons en eux un reflet de la bienveillance infinie. Dieu ne s'est encore révélé à elle que sous la forme d'un de ses anges chéris, et cet ange était si bon, qu'elle s'est d'abord trompée ; l'ange a été pour elle Dieu tout entier ; c'est à lui seul qu'elle rend un culte, c'est à lui seul qu'elle adresse ses prières ; dirai-je que c'est en lui seul qu'elle espère ? Non, elle espère à peine, elle ne sait plus son Dieu près d'elle, et elle se croit abandonnée.

L'enseignement d'amour qu'il lui prodiguait sans cesse ne sera pas perdu pour elle ; ses larmes lui révéleront ce qu'elle n'avait pas su découvrir au milieu du bonheur ; elle sentira qu'il n'aurait pas été aussi bon pour *elle*, s'il n'avait pas été bon *pour tous*, qu'elle ne lui aurait pas donné tant d'amour si elle ne l'avait pas vu toujours prêt à se dévouer *pour tous*; elle saura enfin qu'il ne lui aurait jamais donné son cœur, s'il n'avait été certain que celui de son Elisa battrait un jour pour toutes les pensées généreuses qui agitaient le sien et qu'*alors seulement*, ils seraient vraiment unis, n'auraient qu'une seule vie, ne formeraient plus qu'un seul être, s'élevant avec amour vers la *vie* éternelle, vers l'*Être* infini.

J'attends avec impatience le jour de votre départ pour Paris ; serez-vous assez bonne pour en prévenir l'ami, le *frère*, que Félix vous donne ?

P. E.

Madame, voici la lettre que depuis plusieurs jours je voulais écrire à votre sœur; adressez-la lui, je vous prie.

« Vous ferai-je du bien, ma chère fille, en vous amenant demain soir la sœur que la doctrine de votre ami veut vous donner ? — Mme S... le désire vivement ; vous vous sentirez plus rapprochée de Félix, lorsque tous trois nous nous occuperons de lui. »

P. E.

LXVIIIE LETTRE

A FOURNEL

29 mars 1830.

Je n'ai pas pu vous voir avant votre départ, mon cher Fournel, ni dire adieu à votre femme, à notre sœur ; que je vous salue au moins un des premiers dans votre église nouvelle.

Toulouse, par les soins de Marquier, va très-bien. Rességuier, doit s'y rendre ces jours-ci, et ordonner quelques-uns des catéchumènes de Marquier. Castres est superbe, grâce à Bouffard et Combes aîné. Le jeune Combes, à Montpellier, fait merveille ; il a conquis son professeur, Ribes, jeune homme fort distingué, qui lui-même répand déjà la parole. L'armée d'Alger aura avec Bigot, notre représentant, deux autres officiers du génie; Lamoricière et Chabaud-Latour ont déjà des germes de doctrine que Bigot développera.

Ici un troisième degré s'organise au-dessous du mercredi, et nous élève par conséquent d'un grade. Madame Olinde nous est acquise; Madame Barrault commence à voir Madame Bazard; les petites sœurs de Rodrigues vont fort bien, et Madame Bazard, qui fait des pas de géant, nous annonce pour ces premiers jours, une très-belle conquête, dont nous vous parlerons, j'espère, bientôt.

J'ai pris un beau et grand logement que j'habite avec Transon, Lechevalier et Cazeaux, et où se tiendront toutes nos réunions privées, ainsi que le bureau de l'*Organisateur*. C'est dans la même maison que le *Globe*.

Duvergier avance dans la continuation de vos résumés; ceux de l'*Organisateur* sont toujours d'une solidité qui doit vous faire plaisir.

J'ai eu chez Chaplart (que j'avais d'ailleurs déjà revu deux fois), une réunion de doctrine, pour continuer votre œuvre; j'y reviendrai encore, malgré les immenses difficultés, parce que si la victoire pouvait être remportée, ce serait une conquête importante, notre ami exerçant de l'influence sur plusieurs esprits. Déjà, sans s'en apercevoir, et grâce à vous, il défend quelques idées de doctrine qu'il regarde comme siennes, et qui jurent cependant terriblement avec ses opinions. Je n'ai vu chez lui de vos anciennes réunions que son beau-frère, excellent garçon, je crois, mais qui paraît avoir la tête un peu étroite, et toutefois bien garnie de préjugés.

Lechevalier a déjà une dizaine de néophytes à ses trousses. Il les endoctrine chaudement. Nous avons fait en lui une très-bonne acquisition; Trançon va également fort bien. Son ami Lambert, qui est du petit mercredi, est parfaitement lancé. Filassier remue ciel et terre; Henri, ami d'Olinde et architecte, a déjà secoué les oreilles de quelques artistes, ses confrères, il est plein de zèle, et nous donnera sous peu d'excellents fidèles.

Nous sommes contents: réjouissez-vous donc.

A. et B. élèvent autel contre autel; ils ont choisi le mercredi pour faire une jolie petite exposition de ce qu'ils appellent la doctrine.

La *Gazette des Cultes* donne des résumés

des séances de la rue Dauphine; le *Messager des Chambres* a copié le premier.

Notre chère fille, Madame S., est toujours un modèle d'amour de doctrine. Malheureusement, sa faible santé exige des ménagements continuels.

Talabot est malade depuis un mois; il va beaucoup mieux et reprendra ses fonctions de pêcheur d'âmes dans peu de jours, avec le zèle que vous lui connaissez. Tous vos pères se portent bien, et vous préparent pour cette année au moins autant d'idées qu'ils vous en ont donné l'année dernière. Comment en serait-il autrement, puisque chaque jour on les aime davantage.

Rességuier va arriver bientôt ici; ce sera un beau jour pour tous: buvez à sa santé; nous en avons besoin. J'espère que le bonheur qu'il aura à nous voir lui donnera quelques années de plus de vie.

Le dimanche on se réunit en famille, chez Madame Bazard. Ces réunions ont déjà produit un résultat excellent; l'intimité s'accroît chaque jour entre tous. Nous aurons également, rue Monsigny, une pareille réunion par semaine, mais plus nombreuse.

Les mardi, jeudi et samedi, notre salon sera ouvert le soir; Bazard ou moi y serons toujours de service, avec un des membres du collége et quatre fils du petit mercredi ; là, on nous amènera toutes les personnes à qui l'on parle de la doctrine; il ne s'y fera pas d'exposition, mais des conversations et discussions particulières et générales, et quelquefois des lectures.

J'avais commencé des conférences tête-à-tête avec Dubois, du *Globe;* elles ont été suspendues par son procès ; mais notre voisinage nous les fera bientôt reprendre.

Voilà les nouvelles de la famille. Vous devez en être avide, malgré les occupations qui doivent, en ce moment, vous accabler; dès que vous aurez un peu de liberté, donnez-nous des vôtres : nous les attendons avec impatience. Il nous tardera surtout d'apprendre que vous ayez aperçu quelques figures d'homme autour de vous, quelque terre où l'on puisse semer la doctrine.

Adieu ! mon cher fils ; aimez-nous, donnez-nous des fils.

P. E.

LXIXe LETTRE

A DUBOIS, du *Globe*

Mars 1830.

Je vous envoie une brochure que nous venons de publier et sur laquelle je serais bien aise que vous eussiez le temps de jeter les yeux. Occupé, comme vous l'êtes en ce moment, il vous sera difficile, je le sens, de songer à nous et cependant d'ici à peu de jours je serai logé très près de vous, dans la même maison. J'espère que ce rapprochement me donnera l'occasion, quelle que soit l'issue de votre procès, de vous voir souvent, et de nous entretenir d'un temps où les hommes de talent n'auront pas besoin d'en appeler au *public* de l'incapacité du *pouvoir,* où les âmes généreuses n'auront plus à prêcher la défiance mais l'amour, parce que le pouvoir sera aux plus *capables* et surtout aux plus *aimants.* C'est là notre rêve, et il me tarde de vous faire sentir que pour le voir se réaliser, il faut que les cœurs d'élite en soient toujours pleins, il faut, quelle que soit la fonction que l'on remplisse dans le temps, diriger ses plus puissants efforts vers ce but, soit qu'on s'occupe de politique ou de religion, de littérature, de philosophie ou d'histoire.

Vous allez vous défendre contre les attaques d'un pouvoir ignorant, dont l'existence est sans moralité, puisqu'il ne s'associe pas aux besoins du peuple; et si vous êtes condamné par vos juges, près du public vous espérez sans doute remporter la victoire, de telle sorte que les rôles sont intervèrtis ; c'est vous qui serez juge, comme vous avez déjà été dans le *Globe* l'accusateur.

Est-ce là vraiment une société ? occupez-vous la place que mérite celui qui est capable de juger les Rois, de diriger les peuples ? Vous sentez-vous assez fermement assis sur la chaire libérale pour oser vous écrier : *et nunc intelligite, reges,* et lancer les foudres de l'excommunication, même contre un Polignac ! non, vous avez déjà vu les amis à la tête desquels vous pensiez marcher, trembler de votre audace, ou bien en être jaloux ; le présent vous manque ; encore si vous étiez certain que l'avenir fût pour vous !.... Mais que sera-t-il cet avenir ? peut-on y songer, quand on est absorbé par une lutte quotidienne avec le passé ? Est-ce en déchirant un cadavre qu'on peut apprendre ce que c'est que la vie?

Je ne vous demande pas en ce moment une réponse, et je ne m'excuse pas auprès de vous de la franchise de mon langage ; ce billet est une suite de notre conversation tête à tête où vous m'avez demandé de vous exposer la doctrine, chose qui m'a toujours été difficile, chaque fois que je n'ai pas traité la personne à laquelle je parlais, comme un ami.

P. E.

LXXᴱ LETTRE

A BAILLY, A CONSTANTINOPLE

Avril 1830.

Nous ne sommes pas encore mûrs pour ce qui doit remplacer le mysticisme chrétien, dites-vous, mon cher Bailly ; pourquoi n'avez-vous pas ajouté : nous ne sommes pas mûrs, *Blon-*

deau et moi? Vous voulez de la *philosophie* et pas de *religion,* quoique vous soyez convaincu que l'humanité a un avenir *religieux;* vous repoussez le *nouveau christianisme* (dernière parole de votre maître!) pour faire du *nouveau libéralisme*, parce que vous vivez depuis plusieurs années avec des Grecs et même des Turcs, qui sont prêts à prendre le *Constitutionnel,* ou quelque chose d'approchant, pour évangile; et vous dites qu'il ne faut pas appuyer une nouvelle *philosophie* sur Isaïe et saint Mathieu, lorsque c'est d'une *religion* nouvelle qu'il s'agit pour nous; enfin vous prophétisez la chute de ce malheureux *Organisateur* qui vous donne le cauchemar; *il tombera,* comme toutes les autres tentatives SAINT-SIMONIQUES, ce qui fait croire que vous regardez les travaux de Saint-Simon et le *Producteur* comme ayant manqué leur effet, comme étant *tombés,* tandis que chacun de ces ouvrages nous a continuellement élevés. Le *Producteur* a exploité en partie les mines *scientifiques* et *industrielles* ouvertes par Saint-Simon; l'*Organisateur* est entré dans les voies *religieuses* que notre maître nous traçait à son lit de mort, et que cinq ans de travaux *communs* entre tous ses disciples, hors vous, nous ont mis à même d'apercevoir et de parcourir.

Tout ceci s'explique fort bien, comme vous le dites, parce qu'étant, vous et nous, dans des *positions* différentes, nous devons avoir des idées différentes ; quelle est la meilleure position ? Modon ou Paris, Constantinople ou la France ? je vous laisse à juger.

Vous dites encore que la religion actuelle ne doit être que l'application des lois *physiques*, proclamées par la *Révolution*, expliquées par l'*Encyclopédie;* qu'il ne faut pas parler d'un Dieu d'amour à des gens qui ne peuvent l'admettre que comme une loi générale *analogue* à la loi de la gravitation ; et parce que nous ne disons pas, les hommes s'attirent en raison inverse du carré de la distance, mais les hommes s'aiment en raison directe de leur amour pour Dieu, c'est-à-dire pour l'amour infini dont chacun d'eux est une manifestation finie, vous nous accusez d'hypocrisie.

Vraiment, la *Révolution*, *l'Encyclopédie*, le nouveau *libéralisme*, il y a là de quoi nous faire rire, lorsque nous entendons cela de la bouche d'un disciple de Saint-Simon, d'un élève de l'homme éminemment *progressif ;* vous en êtes encore aux *Mémoires sur la science de l'homme*; et même tout au plus ; vous êtes plutôt le Saint-Simon de la campagne d'Amérique, ou mieux encore le Saint-Simon recevant les leçons de d'Alembert, vous qui avez entendu de vos propres oreilles ces paroles *mystiques:* Princes, écoutez la voix de Dieu qui parle par ma bouche !

Nous vous l'avons déjà dit, mon cher Bailly, pourquoi employer le temps que vous consacrez à nous écrire, à *critiquer*, lorsque vous prétendez pouvoir *doctriner* ? Quoi, vous nous dites qu'en pensant à la religion, *telle que vous la concevez,* vous ne pouvez pas vous figurer que le saint-simonisme éprouve de résistance, et vous ne nous écrivez pas comment vous *concevez la religion !* Vous nous apprenez que vous êtes au XXe et XXIe siècles, et vous nous critiquez, nous autres pauvres apôtres du XIXe, sans nous dire un seul mot de ce qu'on fait au XXIe, en nous conseillant même d'employer les noms du XVIIIe, l'*Encyclopédie* et les *sciences positives!!* Vous êtes du XXIe siècle, et vous demandez comme Cousin, qui n'est certainement pas du XXe, la croix de la légion d'honneur, tandis que Bazard la garde dans sa poche depuis dix ans !

Enfin vous êtes du XXIe siècle, et vous pouvez rester cinq ans hors de France, lorsque vous savez à n'en pas douter que c'est en France que doivent s'élaborer et s'élaborent les idées qui doivent préparer la venue de ce siècle où vous prétendez déjà vivre. Songez que si nous sommes difficiles à comprendre dans l'*Organisateur,* vous l'êtes beaucoup plus encore dans votre vie tout entière : qu'évidemment votre foi dans la doctrine est moins chaude que la nôtre, puisque vous pouvez rester aussi lontemps éloigné du foyer où elle s'allume. Et si votre foi est moins grande, il est impossible que vous puissiez marcher aussi vite que nous ; et si vous travaillez seul, il est encore impossible que vous avanciez aussi rapidement ; n'oubliez pas qu'il vous a fallu cinq ans de séjour en Grèce pour que Blondeau m'écrivît une longue lettre sur la politique orientale et sur vos désappointements, où il n'y a rien que nous ne sussions déjà ou que nous n'eussions prévu depuis quatre années, une lettre enfin où tout ce qu'il y a de doctrine est un réchauffé des *Mémoires sur la science de l'homme.*

Ce qu'il y a de plus fort que tout cela, c'est que vous citez le *Globe* pour modèle de conduite; le *Globe,* qui, épuisé sous sa forme primitive, vient réellement de *tomber,* car il est descendu au niveau du *Courrier Français;* le *Globe,* où vous ne voyez pas de *mysticisme,* parce que vous n'y avez pas lu souvent le mot *Dieu,* et qui vous parlait sans cesse de la *conscience,* de la *raison*, du *temps,* de la *force des choses*, etc.; le *Globe* qui ne sait plus où donner de la tête, qui commence à parler d'*unité*, qui rêvasse un avenir religieux autre que le *Déisme,* qui a engagé la jeunesse à étudier les grands problèmes du christianisme (ce conseil pourrait, je crois, vous aller; car malgré vos *connaissances positives,* c'est, n'en doutez pas, mon cher Bailly, votre *ignorance positive* sur ces matières qui vous fait traiter en pitié Isaïe et Saint-Mathieu, et vous empêche de comprendre l'*Organisateur*); le *Globe*, qui commence à trouver que Saint-Simon a du bon, que le *Producteur* n'était pas trop faible; le *Globe*, qui, dans la personne de son chef, Dubois, a commencé à venir s'instruire auprès de moi d'une doctrine à laquelle il disait des sottises il y a quatre ans!

Que vous dire encore, mon cher Bailly, vous êtes en Turquie, seul saint-simonien, et vous ne nous voyez pas; vous nous croyez encore ce que nous étions au temps du *Producteur,* quatre ou cinq têtes, non pas dans un même bonnet, mais discutant, bataillant comme de vrais philosophes, et autour de nous des Cerc..., Blanq.., Halev., Duboc..., Sent. et autres eunuques de cette force : les temps sont bien changés. Quarante personnes sont constituées *hiérarchiquement* à *Paris ;* Toulouse, Montpellier, Castres, Sorèze, Lyon, Metz, ont des centres de propagation qui occupent au moins autant d'apôtres de la parole saint-simonienne, s'affichant hautement nos élèves, soumis à notre direction ; l'exposition *publique* de nos idées se fait à cent cinquante personnes au moins à Paris ; des femmes se joignent à nous, pleines de chaleur et d'enthousiasme (pauvres dévotes ! direz-vous peut-être ; venez les voir). Les ingénieurs des mines, des ponts et chaussées, les ingénieurs militaires et artilleurs, enfin tout ce qui se recrute à l'École polytechnique est infecté du poison saint-simonien, et il circule rapidement parmi les médecins, et même au barreau. Écoutez : nous marchons sans demander l'aumône, et Saint-Simon est mort dans la misère ; qu'un de nous soit malade, et la chambre n'est jamais vide de frères, tandis que Rodrigues et vous étiez les seuls enfants de

Saint-Simon près de son lit de mort; Bazard et moi faisons mouvoir à volonté une famille nombreuse qui nous aime; Rodrigues et vous, aimiez seuls Saint-Simon. Et vous dites que le *Producteur* est tombé ! que l'*Organisateur* tombera !! Au diable la Grèce et la Turquie! Revenez à nous, mon cher Bailly, revenez à nous.

Vous ne voulez pas que nous nous servions du dictionnaire du XVIIe siècle et que nous parlions la langue de sainte Thérèse; vous avez bien raison, car nous sommes au XIXe siècle. Dites-moi cependant si vous ne pensez pas qu'il y avait dans le langage de sainte Thérèse quelque chose de tendre, d'aimant, qu'on ne trouve ni dans M. d'Alembert, ni dans M. de Voltaire, ni même dans Mme de Sévigné ou dans Mme de Staël. Nous sommes partout *éclectiques,* nous prenons notre bien où nous le trouvons; ce que nous regrettons, c'est de ne pas être encore assez tendres pour que les Thérèse de nos jours puissent nous comprendre et nous répondre. Vous qui n'avez jamais rien lu de ce qui se faisait au XVe siècle, ni surtout aux IVe, V^e, VIe, etc., excepté peut-être comme Comte, Roger Bacon et Alber le Grand, mais qui connaissez Hippocrate et Aristote, nous ne vous empêchons pas de trouver qu'il y avait du bon dans les aphorismes de l'un et dans la logique de l'autre ; soyez donc plus indulgent pour nous, vous surtout qui voulez une époque *organique* pour l'avenir ; vous qui savez, par Saint-Simon, qu'il vaut mieux s'occuper des hommes bien portants que des malades, parce que ceux-ci sont l'exception. Vous ne savez peut-être pas que les jeunes gens qui sortent du collége, aujourd'hui, n'apportent pas dans le monde cette haine irreligieuse, ni cet esprit de révolte (qui est la même chose) que nous buvions si largement dans nos lycées ; vous croyez peut-être, parce que vous n'avez pas pu faire avancer des Grecs, que Saint-Simon n'a pas fait marcher la France ; vous croyez encore, parce que les Français que vous voyez dans vos courses lointaines, sont ou de ces ultras qui n'apprennent et n'oublient rien, ou de ces libéraux encroûtés qui apprennent tout et ne savent rien, qui doutent de tout, et ne doutent de rien, vous croyez, dis-je, que la France est toujours bête comme vous l'avez laissée ; qu'il lui faut, *par conséquent,* toujours, et de l'*encyclopédie,* et de la science *positive;* détrompez-vous, mon cher ami ; Saint-Simon n'aurait pas pu concevoir le *Nouveau Christianisme,* s'il n'aavait pas senti la flamme religieuse qui courait dans les jeunes âmes. Vous pensez, peut-être, comme nous l'avons cru longtemps nous-mêmes, que ce livre était un passeport présenté par lui au visa des vieilles ganaches catholiques et des bigotes ; il n'en est rien. Saint-Simon, dans une opération chimique fort habile, après avoir mis dans un creuset, Diderot et d'Alembert, Viq d'Azir et Linnée, Condorcet et Cabanis, Condillac et Destutt de Tracy ; après y avoir jeté Poisson, Gay-Lussac, Gall, Prunelle, Arago et tant d'autres, et fait un feu d'enfer, croyait tirer du creuset un homme ; il regarde.... une *tête* énorme, de *corps* point ; pour CŒUR, un morceau de glace : la bouche du monstre s'ouvre.... il renie son Père !!!... Et vous ne vouliez pas qu'il cherchât un disciple que sa parole d'amour pût enflammer ; et vous nous reprochez d'appeler à nous les Chrysostôme, les Ambroise, les Thérèse de l'avenir ; et vous nous reprochez de subalterniser des vérités *positives* à des momeries, quand nous voulons soumettre la *science* à l'AMOUR ; et vous nous accusez de critiquer le progrès de nos *connaissances,* quand nous voulons faire sentir que ces connaissances n'ont de valeur que lorsqu'elles apprennent à mieux

AIMER, à plus AIMER l'homme, l'humanité, le globe, l'univers tout entier, DIEU !

Mon cher Bailly, vous nous lisez comme un Turc pourrait le faire ; quand nous parlons de Dieu, vous ne nous demandez pas même si c'est de Jupiter ou de Mithra que nous parlons, vous voyez dans ce mot le Dieu qui s'est révelé aux chrétiens, et ce n'est cependant pas de ce Dieu-là que nous parlons, ce n'est pas celui-là qui parlait par la bouche de Saint-Simon; vous vous laissez prendre aux mots, comme un enfant, sans faire attention à nos *définitions ;* vous me faites l'effet d'un astronome qui se mettrait en colère en entendant dire : le soleil se lève à telle heure. Sans doute on pourra dire autrement *un jour* cela est même certain, mais il faut des transitions ; la langue qu'on parlera dans trois ou quatre siècles n'est pas faite, et il faut bien, lorsqu'on veut présenter une idée *nouvelle,* développement, progrès d'une idée *ancienne,* choisir (si l'on désire lier entre eux les actes humains) le vieux mot qui s'appliquait à l'ancienne idée avant son développement, sauf à revenir souvent sur la définition pour qu'on ne perde pas de vue ce développement. Ne nous dites-vous pas vous-même, d'appeler notre journal le

Civilisateur, de faire du nouveau *libéralisme ;* je le répète, nous nous appelons *Organisateur,* parce que ceux qui civilisent aujourd'hui *désorganisent;* nous faisons une *religion* nouvelle et non du nouveau *libéralisme,* parce que la liberté *délie* toujours et que la religion *lie ;* enfin nous appelons DIEU la synthèse de l'existence universelle, et non pas LOI, parce que sous le mot DIEU on a toujours vu quelque chose de VIVANT, d'AIMANT, tandis qu'une LOI n'a jamais été conçue que comme l'expression d'un phénomène mécanique, sans volonté, sans amour, et où apparaît seulement le *mouvement*, jamais la VIE.

Ce P. M. L. que vous voulez connaître est Laurent, ancien révolutionnaire, ancien athée, vieux philosophe s'il en fût jamais, qui s'est roulé tant qu'il a pu dans le bourbier de l'encyclopédie ; c'est un de ces Lazare que Saint-Simon a rappelé à la vie ; aujourd'hui il reconnaît un maître qu'il bénit, Saint-Simon ; des chefs qu'il aime, Bazard et moi (et Rodrigues qui est pour nous tous le lien qui nous rattache à notre maître, quoiqu'il ne dirige plus la doctrine) ; il reconnaît des maîtres et des chefs, et il est lui-même maître, chef, père de disciples qui l'aiment, parce qu'il est meilleur qu'eux, plus dévoué qu'eux à la doctrine, plus capable qu'eux de la propager : il reconnaît des maîtres, il a des fils, il croit DONC en Dieu (quand vous comprendrez ce DONC vous comprendrez la religion saint-simonienne) ; travaillant sur le même rang que lui, par conséquent immédiatement au dessous de Bazard et de moi, sont : *Margerin*, ancien élève de l'École polytechnique, qui, sans vouloir déprécier vos connaissances *positives,* vous collerait, je crois, sur toutes les sciences des corps *bruts*, et vous suivrait facilement partout où vous voudriez le mener dans les sciences des corps *organisés*.

C. Duveyrier (signant C. D. dans l'*Organisateur*), fou à lier, car il nous aime comme un amant aime sa maîtresse, une fille sa mère ; enfanté à la doctrine par notre cher Eugène, qu'il a dignement remplacé, il continue son œuvre en cherchant à s'inspirer par le spectacle des formes des religions du passé, par l'étude du langage des ministres de Dieu jusqu'à nous ; il cherche, dis-je, les formes et le langage de l'homme divin, du *prêtre* de l'avenir. (Faites bien attention que je dis *prêtre* et non plus *artiste,* parce que Saint-Simon ne peut plus parler en 1830, comme en 1825 ; il est progressif, et l'homme passionné ressemblera plus à un pape du moyen âge qu'à Raphaël lui-même ; je ne dis pas non plus un moraliste, pour que vous ne croyiez pas que je parle des successeurs de La Bruyère, La Rochefoucault, etc.

Barrault n'a pas écrit dans l'*Organisateur,* mais il a fait une brochure que je vous envoie ; vous verrez son style et vous connaîtrez l'homme. Barrault est, parmi les chefs de la doctrine, le seul qui ait fait spécialement des études *littéraires;* et cependant il avait senti Saint-Simon, apprécié le *Producteur* lors de son apparition, cherché la doctrine dès qu'il a été à Paris, bravé tous les ennuis, toutes les peines d'une position peu fortunée, toutes les oppositions d'une famille nombreuse et bien lourde, pour se rapprocher de nous, s'unir complètement à nous, renonçant à des travaux littéraires commencés, achevés, pour se livrer avec ardeur à propager la parole. Barrault est notre *prédicateur,* car il *n'expose* pas, il REMUE ; il ne se propose pas de *démontrer,* il veut faire SENTIR ce qu'il SENT ; il veut faire AIMER ce qu'il AIME. Barrault, ai-je dit, était littérateur, et *cependant* il a senti Saint-Simon ; c'est vous dire qu'il n'était pas littérateur à la façon des littérateurs de nos jours, car Saint-Simon et le *Producteur* n'auraient pas eu prise sur lui : Thiérry et Halevy en sont des preuves, en prose et en vers.

D'Eichthal (qui signe G. D. E.), a été longtemps élève de Comte, qui, si cela avait été possible, aurait réduit son cœur à l'état de congélation où se trouve le sien. Nous l'avons tiré de l'abîme ; Comte avait détruit, avec *art,* toutes ses croyances chrétiennes ; nous lui avons donné avec *amour* nos croyances saint-simoniennes ; Comte le faisait marcher par l'*abrutissement* de la science (le pire de tous, comme dit de Maistre) au NÉANT ; il marche avec nous à l'*organisme,* à la VIE. D'Eichthal n'a d'amis que parmi les hommes qui cultivent les sciences, l'économie politique, la philosophie, parce que lui-même, malgré sa position dans le monde, fils d'un riche banquier, a toujours aimé l'étude, cherché les grosses idées. D'Eichthal est encore un de ces mystiques qui se confondent d'admiration devant Moïse et Jésus, parce qu'ils admirent Saint-Simon, qui aiment saint Jean, saint Paul, parce qu'ils nous aiment ; qui trouvent les litanies de la Vierge plus grandes, plus belles que les odes d'Anacréon, parce qu'ils veulent affranchir les femmes du joug que notre antique brutalité fait encore peser sur elles.

Resseguier, de Sorèze, est l'apôtre du Midi ; c'est par lui que Saint-Simon s'est fait entendre à Castres, à Castelnaudary, Narbonne, Toulouse, Montpellier. C'est par lui que dans ces villes le libéralisme a vu ses plus fervents apôtres l'abandonner, l'écraser, le faire rire de lui-même : Marquier et Combes (avocats), Encely et Bouffard (médecins), sont les missionnaires que Resseguier dirige sur ces divers points. Ce cher Resseguier nous était inconnu quand nous faisions le *Producteur;* au moment où ce journal cessa de paraître, nous reçûmes une lettre par laquelle il nous priait de le tenir au courant des travaux ultérieurs de l'école; depuis lors une correspondance active, entretenue par moi, et par Eugène, et enfin un voyage que je fis l'année dernière dans ce pays, l'amenèrent complétement, malgré sa vigoureuse résistance critique, malgré les craintes que lui fit éprouver d'abord la couleur religieuse que prenaient nos travaux. Quand il en a eu connaissance pour la première fois, il en a gémi comme vous ; il voulait, comme vous, nous ramener dans la bonne voie, dans la voie *positive;* il s'est donné toute la peine du monde pour cela, et maintenant il s'étonne de ne pas avoir plus vite compris que nous étions là où les dernières paroles de Saint-Simon devaient inévitablement nous conduire; là où Saint-Simon lui-même avait été aussi irrésistiblement entraîné lorsqu'il eut parcouru la carrière *scientifique* et *industrielle*. Dès lors Resseguier jugea Comte, comme Saint-Simon l'avait jugé; la science prit à ses yeux la place que Saint-Simon lui avait assignée. Ces mots DIEU, RELIGION lui rappelèrent des grands hommes, des grands livres qu'il avait méconnus, méprisés; il eut conscience de ce que nous avions à faire, en voyant ce que les hommes INSPIRÉS avaient fait; il n'avait pas eu de peine à se justifier à lui-même son admiration pour Socrate et Platon; il lui en fallut plus pour se sentir ému en pensant au Christ, pour se décider à lire Saint-Paul; mais aujourd'hui la croix de celui qui est venu sauver les hommes de la brutalité de la chair, et qui pour cela a dû la mortifier, lui paraît d'autant plus digne de notre amour, qu'il jette les yeux sur les années de misère de Saint-Simon, sur les souffrances de celui qui est venu sanctifier la chair, en écrasant César pour jamais et en affranchissant les femmes et l'industrie.

Voilà les hommes à qui l'avenir appartient, mon cher Bailly; ils vous attendent.

Vous nous chargez d'amitiés pour Vieillard et Dufresne, nous nous en acquitterons; mais vous paraissez tenir à justifier vos opinions par les leurs; c'est fâcheux pour vous : nous les aimons bien, mais comme on aime des *invalides,* ou si vous voulez des *castrats,* ils ont jolie voix tous deux; Dufresne tourne encore quelquefois un vers fort agréablement, il n'a pas oublié un seul bon mot, depuis la Régence jusqu'à nous; Vieillard a des maux de tête terribles qui ne l'empêcheront pas cependant de réciter une ode d'Horace, ou un chœur de Virgile, peut-être quelques strophes de l'Arioste ou du Tasse, et même par-ci par-là du Lamartine : Dufresne s'éteint au billard, Vieillard s'est épuisé au Villemain : ce dernier jeu vaut encore moins que l'autre. Tous deux, je le répète, sont de fort bons garçons, nous les aimons beaucoup; mais ce ne sont pas là ces rudes *joûteurs* tels que le veut une doctrine nouvelle.

Peut-être feriez vous mieux de demander ce

que pensent R.... et B.... : ici la médaille se retourne; R.... a fait nettement un plongeon dans le catholicisme, par l'intermédiaire d'un farceur nommé Coessin, qu'il a depuis abandonné : il est libraire, et mort pour la doctrine, pour toute idée générale.

B.... est entre le zist et le zest, entre l'avenir et le passé, entre la religion saint-simonienne et le catholicisme : il y est comme on est toujours entre deux selles. Il nous trouve matérialistes !! il fait bande à part, spiritualisant la *doctrine* avec un feu d'étoupes scientifiques, et en faisant de la doctrine un être de raison, indépendant des *doctrinaires;* de *droit* il est catholique, car il conserve le dogme du catholicisme, *Dieu esprit;* de *fait* il est saint-simonien, car il prêche que Saint-Simon est venu régénérer le monde; mais on n'est réellement saint-simonien que lorsqu'on l'est de fait et de droit, de *science* et d'*acte;* aussi marchons-nous sans lui. Au reste, si vous trouvez, en lisant ma lettre, que je vous traite du haut de ma grandeur, ce serait bien pis si B.... se mêlait de votre conversion; il ne ferait qu'une bouchée de votre *positivisme;* il trouve bien comme vous que le temps n'est pas venu de faire de la religion, mais ce n'est pas parce que nous sommes trop mystiques, au contraire.

P. Enfantin.

LXXIe LETTRE

A CHARLES DUVEYRIER

Mai 1830.

Vous n'avez pas encore bien compris, cher fils, cette fameuse soirée qui vous a tant bouleversé, cette nuit où je disais en parlant de nous tous : *Nous ne nous aimons pas*. Et cependant la parole a germé, mon air sombre se déride peu à peu, l'amour que j'appelais circule dans les membres de la famille saint-simonienne, les échauffe et les unit chaque jour davantage. Tout ceci s'est fait pour ainsi dire à *votre insu*. Vous n'avez pas *compris* que c'était parce que *j*'étais mécontent, ou plutôt parce que *je* n'étais pas encore content, que *vous* avez *tous* fait ce qu'il fallait pour me contenter ; vous m'avez vu triste, vous avez voulu, sans savoir pourquoi, me rendre joyeux, vous avez bien fait ; aujourd'hui vous me voyez calme en présence de mes joies croissantes, et vous voudriez me rendre enthousiaste. Eh bien, non, laissez-moi désirer encore, désirer toujours ; car je veux vous faire marcher : laissez-moi désirer plus que vous tous ; car je suis votre père.

Je suis *calme* aujourd'hui, parce que les femmes ne marchent pas encore à côté de nous ; je suis *calme,* parce que je suis encore *vous* pour Bazard et qu'il est *vous* pour moi ; je suis *calme*, parce qu'une sœur ne me tutoye pas, parce qu'à peine si je puis embrasser une fille, parce que Barrault travaille comme un forçat, parce que Margerin nous voit à peine, parce que Filassier aime Lavigne comme il m'aimera un jour, parce que mes fils m'aimeront plus qu'Holstein ne m'aime, parce qu'aucun de vous n'a encore vraiment de père, de mère, parce que mon frère Auguste n'est pas encore là, revêtu de formes saint-simoniennes, parce qu'Eugène n'embrasse pas Olinde et ses sœurs. Enfin parce que je vis déjà dans un monde dont celui qui m'entoure est une annonce, et qui ne se réalisera que si nous le désirons, Bazard et moi, plus que vous tous.

Mais avez-vous bien songé que nous n'avons Bazard et moi, personne au-dessus de nous, personne que celui qui est toujours *calme* parce qu'il est l'éternel amour. Comme nous, vous rendez tous à Dieu des actions de grâce ; mais quelle est la manifestation humaine de Dieu, que nous pouvons, comme vous, bénir ? A quel homme dirons-nous, *mon père je vous aime ;* quelle bouche s'appuiera sur notre front et nous dira : *Mon fils, je t'aime?* Grand Dieu, tu as voulu que celui qui gouverne les hommes, que celui qui ne relève que de toi, qui n'a de père que toi, s'initiât au calme de ton éternel amour. Tu as voulu que lui seul pût t'AIMER, te connaître, te voir entre tous les hommes, comme tu peux t'*aimer*, te *connaître,* te *sentir* dans *tout ce qui est :* tu as voulu que ne bénissant que toi, son amour DESCENDÎT *comme le tien* sur tous, et ne REMONTAT *comme le tien* qu'à toi-même ; tu as voulu que le père des hommes fût *pour les hommes* ce que tu es pour l'univers, l'âme, la vie d'un monde.

Mon fils, voilà pourquoi mon *calme*, qui vous intrigue, augmente, *sans que vous sachiez pourquoi*, votre amour ; mais il faut qu'il cesse de vous intriguer, de vous causer du malaise : il faut que vous *sachiez* y lire *clairement* l'amour et non l'indifférence, et pour cela notre *science* vient vous éclairer, notre *verbe* vient vous révéler le mystère de notre amour, c'est celui de votre vie.

Qu'un sourire de notre père soit aussi puissant sur nous que tous les concerts de joie de l'humanité. Car ce sourire vous les annonce, il les fait naître ; c'est lui qui, par vous et par vos fils, se répétera sur toute la terre. Ce peuple, mer immense qu'une pierre tombée de haut remue dans toute sa surface, dans toute sa profondeur ; ce Jupiter dont les payens ont dit : *Nutu tremecit olympum ;* voilà ce que le pape Saint-Simonien doit *savoir,* doit *sentir,* doit *exprimer*.

Que feriez-vous, enfants de Saint-Simon, si vos pères étaient comme vous, s'ils vous embrassaient chaque fois que vous désirez vous jeter dans leurs bras, plus souvent même, car ils aiment plus que vous ? que deviendriez-vous si Dieu ne leur avait donné puissance de maîtriser en eux-mêmes, ce que personne hors d'eux ne saurait gouverner ? Vous n'avez pas à craindre les écarts de votre amour, vos pères sont là ; mais les arrêterez-vous, vos pères, s'ils ne posent *eux-mêmes la barrière qu'ils ne veulent pas franchir ?* ne faut-il pas qu'ils portent LE CALME à celui que la joie enivre, LE CALME à celui que le désespoir accable ? que deviendriez-vous, si ceux qui n'ont que des fils, ne vous rappelaient pas sans cesse que c'est vers vos fils *surtout* que vous devez diriger votre amour ? Vous iriez vous perdre dans le sein qui *vous attire,* oubliant que vous ne pouvez y être reçu *qu'en attirant à vous* ceux qui en sont plus éloignés.

Instruments de l'amour divin, fils, remontez vers vos pères ; pères, descendez chez vos fils ; nous saurons vous imprimer ce double mouvement qui constitue la vie Saint-Simonienne ; c'est pour cela que Dieu n'a pas divisé notre amour pour vous ; c'est pour cela que cet amour est *un* comme le sien même, c'est pour cela qu'en nous est la science commune où vous puisez tous la vôtre, qu'en nous est la force initiale qui vous fait agir, mais que votre faiblesse vous oblige à décomposer en deux forces que nous devons à chaque instant *harmoniser* en les rappelant à un même but, un but *unique* que nous avons en vue, l'élévation MORALE, *physique* et *intellectuelle* de la classe pauvre ; car pour nous il n'y a que des pauvres.

Mon fils, votre cœur est gros d'avenir ; vous travaillez, vous voulez écrire l'histoire de l'humanité, du globe et chanter leurs destinées ; l'hymne, le poëme se pressent pour sortir de votre bouche, mais dans la crainte de ne pas pouvoir accomplir tout ce que vous désirez, vous me dites, *ces projets aboutiront peut-être à vous* ADRESSER *une* SIMPLE *lettre*. Une simple lettre ! elle ne *me* sera pas adressée. Votre lettre à Bordillon est bien belle, mais c'est une *simple* lettre ; elle est adressée à Bordillon... Lorsque vous saurez parler à Moïse, à Jésus et à Saint-Simon, Bazard et moi recevrons vos paroles, elles seront alors vraiment *adressées !*

Votre père a dit : vous pouvez parler.

P. E.

24 mai 1833.

Oui, cher fils, le père Enfantin a été ému en lisant la lettre de d'Eichthal à un public fortement composé quoique peu nombreux ce jour-là, il a été ému vivement et il a baisé avec joie votre excellent frère, à minuit, à la porte, le conduisant chez lui, ayant au-dessus de lui un œil plus beau que jamais découpé par le cercle de la place des Victoires ; il a été ému pendant et après la lecture publique, il l'avait été avant, en lisant au disciple fidèle ces lignes de feu, dictées par Moïse et Saint-Simon (Délivrez-moi ce peuple... depuis quinze jours je mange du pain) il a été ému ce père calme, il a pleuré et il avait encore des larmes dans la voix au Prado — il était beau et je vous assure que Bazard relevait joliment la tête à mesure que je lisais et qu'il voyait ce public que je *magnétisais* d'une manière un peu plus soignée que ne le faisait votre fils Filassier avant d'entrer dans la doctrine.

Je crois que d'ici à quelque temps j'aurai bien besoin de vous voir ici, j'ai envie d'accoucher de quelques idées qui me trottent par le *cœur,* pas encore par la *tête* et qui ne sont par conséquent pas prêtes à être *digérées.* Dites-moi quand vous ferez votre petite course à Paris.

Les vieux Romains descendent du capitole, les juifs sortent du temple, tout cela arrive dans les catacombes de la rue de Monsigny dont nous serons bientôt chassés faute de place ; l'argent n'arrive pas, mais il viendra avant peu, *je vous en donne mon billet de Pape.*

La métaphysique de Lechevalier est décidément enfoncée, nous avons l'autre jour, Bazard et moi, retourné le portrait d'Hégel qui était dans sa chambre et écrit sur le dos :

SAINT-SIMON

RELIGION

Science *Industrie.*

Sa séance d'hier a été bonne, il a enterré tous les métaphysiciens ; Bazard, Rodrigues et Margerin l'entendaient de ma chambre.

Adieu cher fils.

P. E.

LXXIIe LETTRE

A BARTHÉLEMY ENFANTIN

Paris, 20 à 22 juin 1830.

Courage, père ; ne crains pas que je maudisse Dieu de m'avoir fait naître de toi. Tu as été une grande, une digne leçon pour moi. Bon et aimant, tu as été la victime d'un monde égoïste, et tu m'as fait chercher un autre monde : je l'ai trouvé ; je te bénis. Vas donc, tranquille sur moi. Je suis plus heureux mille fois que je ne l'aurais été, si tu n'avais pas été bon comme tu l'as été, et c'est parce que tu étais bon, je le répète, que tu as souffert. Est-ce une consolation que je te donne, en te disant que je bénis ton nom et tes exemples, que je te remercie de l'éducation que tu m'as donnée, du cœur que tu as mis en moi, du bonheur que j'ai trouvé depuis cinq ans dans cette doctrine, qui est toute ma vie, et vers laquelle tu m'as dirigé involontairement par la misanthropie que t'inspirait le monde actuel. Oui, c'en est une, car tu pleurais hier sur moi, tu me croyais voué au malheur par toi, tu croyais que je pouvais souffrir d'autre chose que de tes propres souffrances : rassure-toi.

Mais je ne veux pas seulement te *consoler*, car *j'espère*. Oui, ne t'effraye pas, comme tu le fais, de ce voyage ; il ne saurait être long, il est impossible que nous ne parvenions pas, avant peu, à te ramener au milieu de nous ; une année plus tard, et j'en suis sûr, la doctrine te rendrait une seconde fois la vie. Elle te doit tant, puisque tu es mon père et que tous m'aiment comme des fils ! Une année plus tard, et je retrouverai, j'en suis certain, dans la doctrine même, les moyens de nous délivrer de ces Abbema qui nous tourmentent ; d'ici là, il est impossible qu'en réunissant tous nos efforts et le peu d'argent que j'ai de disponible, nous ne contentions pas les ennemis de notre repos.

Compte sur nos soins ici ; nous en viendrons à bout avant peu.

Aglaé, ta fille, ma sœur, que j'aime aussi comme une fille, t'embrassera chaque jour pour moi.

Adieu, père.

P. E.

LXXIIIE LETTRE

PROSPER A SA MÈRE, A MÉNILMONTANT

Paris, 20 à 22 juin 1830.

Je t'envoie la caisse d'acajou ; elle est en bien mauvais état.

Viens donc passer quelques jours ici pour arranger tes affaires ; tu ne le peux à Ménilmontant, tout est divisé.

Tu te plains de mes ambitieuses illusions, et tu me rappelles 1814. Mais de toutes les ambitieuses illusions que je pourrais avoir, il n'en est pas une seule qui ne produisît plus fortement que la doctrine l'effet dont tu te plains. Si j'avais continué à chercher la gloire militaire, je serais à l'armée ; l'argent, à Pétersbourg, Odessa ou Astrakan ; des places, je serais peut-être réformé et réduit à rien ; si j'avais été désireux de me marier, je l'aurais été à Romans, à Pétersbourg, car c'est là que se sont passées les années où l'on y pense le plus ; j'aurais fait, il y a deux ans, une folie.

Tu me reproches mes ambitieuses illusions, et tu serais bien fâchée que je fusse mou, apathique, sans amour ; tu dirais : Ce n'est pas là mon fils, car tu n'es rien de cela. Je suis ce que je suis, *parce que* je suis ton fils. Je suis, sous ma face calme, ardent parce que tu l'es, *ambitieux,* parce que tu l'étais aussi ; et je veux changer le monde parce que toi et papa vous y avez souffert et que j'ai été nourri de vos douleurs ; parce que je vous ai vus, faits l'un et l'autre pour être heureux, accablés, ruinés, délaissés. Tout ce que je suis, chère mère, c'est toi qui en es *la cause première ;* je ne puis pas être indifférent, puisque tu es impressionnée si vivement par tout ce que tu vois, ce que tu penses, ce que tu aimes. Je suis *ambitieux* de donner aux derniers jours de mon père et de ma mère le spectacle de l'amour que leur fils aura su inspirer ; est-ce donc là un sujet de reproches à me faire? Vois plutôt ton sang, le fruit de ton amour, ton fils, s'entourant chaque jour de plus d'affection. Ne jouissais-tu pas, papa ne pleurait-il pas d'entendre Philastre parler d'Auguste comme il en parlait? Bénis Dieu de t'avoir donné des fils qui savent laisser quelque chose après eux ; voilà la *réalité* de la vie, le reste n'est qu'*illusions*. Je t'embrasse, viens.

P. E.

LXXIVe LETTRE

A G. D'EICHTHAL

26 juillet 1830.

Il ne faudra pas m'écrire sur du carton dorénavant, cher fils ; le parchemin était bon pour Hildebrand, mais nous, nous avons du papier à lettre (grâce au progrès de Satan l'industriel), qui tient peu de place et ne paye pas beaucoup de port ; votre lettre de Metz a coûté 30 sous.

Fèvre est évidemment un bon apôtre ; Maréchal a un fils qui lui fait honneur, les deux travaux sur la *tolérance* et la *vie future* nous ont charmés ! Nous avions besoin de cela. Depuis quelque temps la province est muette, et Paris ne marche pas. Rességuier ne nous annonce rien ; Renouvier ne nous écrit pas du tout, Transon a raté son dimanche (hier), Barrault a évidemment besoin de se reposer ; Margerin, que Dugied a vu en passant, ne donne pas signe de vie, Mme Bazard a toujours été malade, Duveyrier ne nous a rien envoyé, West a eu une huitaine de jours de monomanie prononcée que nous soignons, Bauttier est tout à fait enfoncé ; nos mercredis languissent, le troisième degré ne fait absolument rien. Vous voyez qu'il se prépare du *bon,* car nous sommes bien *mauvais.* Le Père Enfantin, depuis huit jours, bâille comme un malheureux, c'est tout dire, car il n'aime pas à bâiller longtemps ; cet ambitieux pape n'aime pas le repos, il faut qu'il réveille ses enfants, puisque ses enfants paraissent vouloir le laisser dormir ; nous les réveillerons.

Votre soirée a été bonne, cher fils, Metz sera bien préparé pour l'arrivée de Barrault et du volume qui ne peut pas tarder à paraître, car Bazard a fait ses corrections des derniers placards et les feuilles vont m'arriver.

Quelques abonnements sont arrivés de la province et de Paris, le volume en amènera d'autres. N'oubliez pas cette partie importante de votre voyage, vous êtes en poste, ce qui est très-favorable pour décider les gens à dépenser 25 fr. — Pifaud nous a remis un tableau synoptique qui, sauf quelques légères corrections, nous sera éminemment utile ; nous le ferons graver ou imprimer, et tâcherons de le substituer aux cartes de Charles Dupin. Jules se propose d'en laisser un exemplaire dans chaque auberge où il passera pendant son voyage ; c'est la meilleure affiche qu'on puisse donner. Rodrigues en a été enchanté, il le tournait et retournait, étendait et repliait, il le caressait comme son enfant.

Mme Fournel a écrit une lettre charmante que vous connaissez, je crois (sur la famille), mais les dames ne font d'ailleurs rien. Mme Niboyer s'annonce, cependant, comme devant nous donner de vigoureux coups d'épaule. Le Père Laurent parle décidément dimanche, il se fait mettre quatre dents ; il sera superbe ce soir, il me fait une petite répétition, à Bazard et à moi.

Mendelsohn n'est pas venu hier, il n'y a pas grand mal ; Transon n'a parlé qu'un quart d'heure, écourté, fatigué, tremblant, toute son affaire était manquée ; il a fait comme Barrault, il a eu son mauvais jour, aussi sera-t-il superbe la première fois.

Vous voulez prêcher, cher enfant, exercez-vous, comme vous le dites, *en province;* je compte bien sur vous pour nous faire tous pleurer de joie ; mais du calme, du calme, mettez de la modération dans le geste, vous avez une apparence nerveuse qu'il faut régler. Habituez-vous à cet *aplomb* dont l'absence en vous tient autant à votre timidité qu'au foyer ardent qui vous brûle. Il n'y a pas harmonie entre l'action et la réaction, le moi et le non moi; vous aimez plus que vous ne croyez *être aimé,* vous obéissez mieux que vous ne croyez commander; vous n'êtes pas *prêtre* encore; mais ne vous faites pas une idée exagérée de la *dignité* du prêtre saint-simonien. On n'attire pas seulement par la dignité, la dignité n'inspire que le respect, et le respect est une pâture pour le cœur du théologien, non pour celui du prêtre; il faut qu'on dise: Comme il est bon, comme il est tendre, comme il est *gentil* même. Ne craignez pas qu'on s'exprime même de cette manière ; combien j'aime ce *petit homme!* comme ce langage de père est doux dans la bouche de celui qui a l'air encore d'un enfant! Et des vieillards viendront vous entendre; ils diront en eux-mêmes : Si mon fils parlait ainsi ; et Cottin vous enverra son fils, et Mendelsohn se rappellera le premier opéra de Félix, composé à quatorze ans, et il vous enverra Félix pour lui apprendre à composer d'autres œuvres. N'essayez pas de vous donner six pieds, et des épaules larges comme celles de Margerin ; tout chemin mène à Rome. Adieu *mon petit,* je vous aime tant ainsi, que vous devez être sûr d'inspirer l'amour, même sans monter sur des échasses.

Je t'embrasse.

P. E.

LXXVE LETTRE

A RESSÉGUIER

Juillet 1830.

La lettre incluse de Talabot vous donne, cher fils, quelques indications sur la question de la famille telle qu'elle est prêchée ; voici la formule :

La génération est un *lien* providentiel, il ne saurait être brisé.

Les générateurs ont avec l'engendré des rapports résultant de ce *lien,* rapports qui sont sans cesse modifiés dans le cours de la vie, et qui, relativement aux nouveaux liens qui attachent successivement le fils à ses initiateurs à la vie sociale, perdent chaque jour le caractère *individuel* pour prendre un caractère *social*, tandis que, d'un autre côté, dès affections filiales *individuelles* attachent de plus en plus l'enfant à ses initiateurs successifs.

Ces mots, *individuel* et *social,* doivent être pris ici dans ce sens que l'affection de l'engendré pour le générateur est chaque jour moins fréquente, moins dépendante d'un rapport intime entre les goûts, les habitudes des *individus* ainsi *liés,* tandis que, au contraire, ce rapport de goût et d'habitudes lie de plus en plus l'enfant, le jeune homme, l'homme fait avec les *patrons* qui l'élèvent vers la fonction à laquelle Dieu l'appelle, et qui dirigent ses travaux dans cette fonction. Ainsi le père générateur et le père selon la fonction sont bien liés au fils *individuellement* et *socialement*, car il n'y a pas de fait dans l'avenir qui ne présente cette double face ; mais en comparant ces relations l'une à l'autre, on doit reconnaître qu'il y a plus de rapports *individuels* entre le fils *devenu homme* et son patron ACTUEL qu'entre lui et son générateur.

Duveyrier est venu passer trois semaines avec nous, il est reparti ; Dugied est allé préparer le voyage à Nantes de Duveyrier et de Lechevalier ; Bazard ira tous les retrouver et passer huit jours avec eux ; d'Eichthal est sur les bords du Rhin et restera un mois absent ; Margerin est à Orléans, dans sa famille, pour quinze jours encore. Vous voyez que le collége est bien dégarni, il ne reste que nos prédicateurs, car le Père Laurent commence dans huit jours à porter la parole rue Monsigny, à la place de Barrault, absorbé par ses répétitions aux Français. Madame Barrault est toujours au même point, elle presse son mari de faire tragédie, drame ou comédie ; le Père Laurent est tout feu, son spleen s'envole depuis que nous l'avons chargé de prêcher, il déclame toute la journée, je vous réponds de lui. Renouvier ne nous écrit pas, ce qui prouve qu'il est furieusement occupé. Le Père Rigaud a écrit à son fils une lettre admirable ; il se remue tant qu'il peut, il parle à tout le monde de la Doctrine. Montpellier sera une bien belle cathédrale dans dix ans ; notre petit Combes sera un gentil vicaire. De Metz nous recevons des travaux ; Maréchal et un de ses amis s'en donnent à corps perdu ; d'Eichthal a dû les voir ces jours-ci.

Mais, mon pauvre Rességuier, vous n'êtes plus là, et le volume languit, il n'y a que quinze feuilles de tirées ; tout est cependant imprimé, mais les différentes indispositions de Mme Bazard et les corrections nombreuses des deux dernières séances sur la question religieuse, et la réduction des leçons du Prado, et les nombreuses occupations gouvernementales qui nous arrivent de plus en plus chaque jour, ont arrêté le travail. Le second volume sera prêt presque aussitôt que le premier, j'ai même encore six ou huit pages de la préface à faire, mais je ne peux les achever que lorsque les dernières feuilles seront tirées.

Vous ne nous donnez pas, dans votre dernière lettre, beaucoup de détails sur votre église, et, chose qui m'a surpris, pas un mot de Diaconat. Or, vous savez cependant que cela presse ; nous avons de fortes dépenses pour la fin de l'année ; déjà nos prédications nous ont forcés à descendre au premier, et nous sommes même sur le point de le louer entièrement pour y installer

Bazard; nous marchandons pour avoir les deux (1er et 2e) pour 6,000 fr. La doctrine aurait alors un air digne. Bauttier, non moins nerveux que Barrault, n'a pas pu échapper aux griffes d'une lionne féroce, Mme Bauttier, qui lui a rendu la vie tellement dure que le bénin mari a été bénin doctrinaire, il a faibli; sa femme le fait coucher de bonne heure, lui défend de sortir la nuit, de parler ailleurs qu'au Palais, et il obéit! Notez que cette dame a été tirée de bien bas lieu par Bauttier, mais ce qui aurait dû exciter sa reconnaissance a été pour elle une preuve de sa puissance sur son mari, et elle en use.

Talabot devient plus beau chaque jour, le troisième degré s'est grossi de quatre ou cinq personnes depuis peu; autant touchent les portes. Chevalier, l'ingénieur, est monté au deuxième; Filassier est très-occupé par ses examens de médecine; cependant c'est toujours une des colonnes; je ne parle pas de Lechevalier, il va toujours de même, vous savez que cela veut dire très-bien, la métaphysique est partie avec la jaunisse. Il n'y a pas d'enfants malades; Lemonnier qui l'a été pendant quinze jours (cela devait être), est bien maintenant de toutes manières. — Que nos fils du Midi se réjouissent,

Saint-Simon marche glorieux à sa conquête pacifique ; nous sommes bons, sages et beaux.

Adieu cher fils.

P. E.

LXXVIE LETTRE

A G. D'EICHTHAL

(*Post-Scriptum* à la circulaire du 29 juillet 1830, insérée dans l'*Organisateur*.

Voici, cher fils, ce que les circonstances dans lesquelles nous nous trouvons nous ont fait écrire ; les coups de fusil et de canon résonnent de tous côtés, et il y a de quoi faire bouillir des cœurs qui battaient si vivement il y a peu de temps encore pour le libéralisme, et qui battent plus fortement que jamais en présence des douleurs des hommes ; mais quoique le Dieu saint-simonien *soit amour,* et non esprit, comme celui des chrétiens, il est sage et saint de *calculer* ses actes ; or, nos actes aujourd'hui doivent consister à *observer* un mouvement dans lequel notre *action* serait vaine, ridicule, impie comme *saint-simoniens,* et presque inutile même comme libéraux. Au reste, nous sommes dans un moment si grave que la doctrine doit y puiser des forces ; comment? je n'en sais rien encore ; ce qu'il y a de certain, c'est qu'elle en perdrait en se faisant purement et simplement, je dirai même niaisement libérale, révolutionnaire. Et cependant ceci a fait question, non entre Bazard et moi, non dans le collége, pas même que je sache dans le deuxième degré, mais le troisième, naissant à peine à la vie d'amour, à la connaissance et à la pratique de l'*avenir humain,* déjà réalisé pour ses pères, bouillant encore de ses souvenirs du monde, dont nous l'avons tiré, nous a donné quelques exemples de convictions difficiles à communiquer, sensibles à la généreuse ardeur qui anime le peuple libéral ; quelques-uns se sentaient entraînés à aller partager ces dangers, cueillir ces palmes de dévouement, comme si c'était là les nôtres, comme si celles qu'ils attendent de la mission que Dieu leur a donnée n'étaient pas mille fois plus belles (quelles que soient les circonstances où nous ayons à les cueillir), que celles qui orneront la tête des victimes ou des triomphateurs, dans cette boucherie où le sang coule en ce moment. — Le Dieu de Saint-Simon est Dieu de l'*amour*, mais il n'est pas celui de la superstition, de l'aveuglement, de la déraison ; il ne demande pas à ses enfants, comme les chrétiens le croient et le pratiquent, de mutiler leur être ; il leur demande toutes leurs sympathies, quand elles peuvent être *utiles*, et quand les actes qu'elles doivent déterminer sont *logiquement* enchaînés dans la mission qu'il leur confie. Mais il semble, en parlant ainsi à de jeunes cœurs, qu'on prétend réduire leur dévouement à un froid calcul ; ils oublient que l'homme ne peut savoir si les *désirs* INDIVIDUELS qu'il éprouve sont légitimes qu'en les rattachant à la fonction sociale qu'il doit remplir ; et ces pauvres enfants oublient en ce moment la hauteur de celle qui nous est confiée ; ils se font peuple quand ils sont chefs des peuples ; libéraux, quand ils sont saint-simoniens ; soldats, quand ils sont déjà *hommes de Dieu* par le sentiment qu'ils ont du caractère divin de la doctrine qu'ils professent.

P. E.

LXXVIIe LETTRE

A RESSÉGUIER

Premiers jours d'août 1830.

Je ne réponds pas à votre dernière lettre, cher fils, Bazard s'en charge ; un mot seulement : Vous avez mal compris vos Pères ; vous avez oublié que notre tentative à l'Hôtel-de-Ville ne devait avoir de suite qu'autant que le peuple n'aurait pas voulu de d'Orléans, qu'autant que ses idées républicaines y auraient eu le dessous, ce qui était improbable, mais possible. Les libéraux qui le craignaient se cachaient ; nous, nous devions nous montrer. Au reste, il est possible que la précipitation avec laquelle nous avons rédigé cette circulaire, Bazard et moi, nous ait empêchés d'être assez clairs ; le dernier *Organisateur* ne vous laissera pas de doutes.

Je vous écris aujourd'hui pour vous dire de lire le *Globe* de ce jour ; rapprochez-le de l'*Organisateur,* et je pense que vous serez content de vos Pères. Une question se débat en ce moment au-dessus de ma tête, savoir : si le *Globe* cessera. — S'il vit, il est à nous ; l'article d'aujourd'hui vous en fera juger ; s'il meurt, nous en aurons les meilleurs débris. Je ne vous dis que cela aujourd'hui.

P. E.

LXXVIIIe LETTRE

A MADAME A...., SŒUR DE FÉLIX V....

Août 1830.

Je n'avais pas besoin de revoir votre belle-sœur pour connaître votre opinion sur la doctrine et sur moi, cette opinion est celle que vous deviez nécessairement avoir.

Outre les difficultés que des *idées* nouvelles, que des *sentiments* nouveaux doivent toujours soulever, vous avez dû prétendre nous juger par nos *œuvres*, par notre conduite, et là cependant nous devions être aussi difficiles à comprendre que dans nos écrits, car notre conduite est neuve, extraordinaire, bizarre, comme nos sentiments et nos idées ; elle en est l'expression fidèle. Voilà pourquoi j'avais à cœur de vous voir pendant votre séjour à Paris ; les événements politiques s'y sont opposés sans doute, et d'ailleurs vous étiez loin d'éprouver le même désir.

Vous n'avez pu croire que nous nous fussions présentés près de l'épouse de Félix pour accomplir une œuvre religieuse, aussi ne nous comprenez-vous pas ; vous n'avez pas pu croire que ce fût Dieu qui nous eût conduit dans une famille chrétienne où aucun prêtre chrétien n'était venu apporter une parole d'amour pour sécher des larmes, et vous avez cherché des motifs secrets, un but caché, peut-être même des intentions coupables, là où vous deviez bénir, croire et aimer. Vous avez bien fait, puisque cela m'oblige à vous écrire.

L'affection de Félix pour moi m'a fait un devoir de veiller particulièrement à l'avenir de ce qu'il aimait. C'est le même sentiment qui vous anime ; nous donnons, vous et moi, des conseils dans ce but, et cependant nos conseils sont différents ; il faut donc que l'un de nous ne comprenne ni Élisa, ni le monde dans lequel elle vit. Eh bien, voyons, et ne nous payons ni l'un ni l'autre d'illusions, examinons ce qui est plutôt que ce qui devrait être. La doctrine vous a semblé sans doute souvent un rêve, je tiens à vous prouver qu'elle est une réalité.

Élisa est jeune, veuve, à Paris, dans une famille amie de ce qu'on nomme le plaisir; là il ne s'agit jamais de religion, le prêtre n'y paraît pas, on ne va point à lui; l'âme d'Élisa n'a point été nourrie de sentiments généreux, élevés; cette chère fille était dans toute la force du mot un enfant gâté; ses plus heureux jours ont été consacrés à lire des romans, à voir des vaudevilles, à en jouer elle-même! Faible, elle a été habituée à commander, à exiger; bonne, elle était devenue capricieuse; aimante, son amour était souvent tyrannie.

Sans doute vous n'avez jamais pensé qu'avec de pareils antécédents et un tel entourage, l'avenir d'Élisa fût bien tranquillisant et n'exigeat pas une tendre et continuelle prévoyance; ni surtout qu'elle croie ensevelir sa douleur dans un couvent; jamais vous n'avez imaginé même que ce serait en reparaissant au pied de l'autel et du confessionnal qu'elle chercherait à sécher ses larmes. Vous ne lui avez pas dit : Ma fille, quitte ta famille et ton fils, donne-toi tout entière à Dieu, renonce pour toujours à ce monde qui t'a déjà coûté tant de larmes ; veuve de Félix va t'unir au divin époux ! Et cependant voilà le véritable langage chrétien.

Vous ne l'avez pas dit, et Élisa reste dans le monde entourée comme elle l'était autrefois, plus faible pour lui résister, puisqu'elle a perdu le seul appui, le seul lien d'amour auquel elle pouvait rattacher au moins naguères tous ses actes ; dans les premiers moments elle se tient à l'écart, elle cherche la retraite; mais, vous le savez comme moi, bientôt il lui faudra reprendre la place que sa douleur lui a fait quitter ; bientôt (et ce sera d'abord pour plaire à sa mère) le salon, les visites, un peu plus tard le spectacle, les bals, toutes les distractions futiles qui remplissent la vie oisive de toutes les personnes qui l'approchent, la replaceront dans la sphère où elle était autrefois. Sans doute elle y portera d'abord les traces de son chagrin, elle saura encore s'*isoler* un peu au milieu du bruit, ses *souvenirs* l'occuperont seuls assez souvent ; mais quelle est l'âme qui ne s'alimente que de *souvenirs ?* Elles sont rares, pour vous sans doute ce sont les plus belles, je ne pense pas comme vous sous ce rapport, mais au reste quelle que soit votre opinion et la mienne sur cette question de morale, Élisa a-t-elle une de ces âmes rêveuses du passé? C'est là tout ce qu'il s'agit de savoir, car c'est d'Élisa que nous nous occupons, et non de vous, de moi ou de tout autre.

Eh bien, non sans doute, notre fille, vous en êtes certaine comme moi, n'a pas cette fermeté, cette constance, cette immobilité de sentiments qui pour un chrétien est la plus grande vertu, parce qu'elle est celle de l'anachorète et du moine, et qui pour nous est très-secondaire, parce que par elle l'homme et l'humanité n'avanceraient pas, ne se perfectionneraient pas. Notre fille est vive, impatiente, irrésolue, changeante (je prends exprès ces mots qui ont tous une acception assez mauvaise, pour que vous me compreniez mieux) ; mais tous ces défauts ne se convertiraient-ils pas en *qualités*, si sa *vivacité* et son *impatience* sont tournées vers l'AMOUR DU BIEN, si son *irrésolution* lui fait désirer un GUIDE, chose qu'elle a jusqu'ici regardé comme un esclavage, si sa *légèreté* et son *amour du changement* sont l'expression d'un besoin de PROGRÈS. Ne croyez-vous pas aussi qu'on peut dire d'elle, qu'elle aime à plaire, que rester obscure dans un salon, privée d'attentions, d'hommages, lui serait pénible, enfin disons le mot, qu'elle est un peu *coquette* (je me sers encore exprès de ce terme). Mais désirer plaire en se montrant bonne, aimante, généreuse, ce ne serait pas chercher à éblouir en jouant des vaudevilles, où l'immoralité ressort à chaque mot ; désirer l'affection des personnes que l'on rend meilleures par son exemple, ce n'est ni un crime, ni un vice, ni même un péché, c'est une vertu, c'est un véritable don de la grâce divine.

Élisa ne vaut rien ou presque rien, telle que son éducation et son entourage l'ont faite, et voilà pourquoi Dieu, par Félix, nous l'a donnée : Sans nous je ne lui conçois dans le monde actuel d'autre avenir que celui de toutes les jeunes femmes, et surtout de toutes les veuves vives, légères, coquettes, capricieuses, impatientes, changeantes ; je me sers toujours de ces mots pour être mieux compris, car tous rendent plutôt l'opinion du monde sur cette chère enfant que la mienne. Avec nous je lui conçois un avenir, parce que Félix l'aimait, parce que je la sais bonne, parce que ses défauts sont le reflet du monde où elle a vécu, parce que enfin je lui crois une affection sincère pour moi et que je l'aime comme ma fille.

Ces derniers mots m'amènent à la pensée qui vous occupe et pour laquelle ma lettre est écrite, mais j'avais besoin, avant de l'aborder, de dire ce qui précède.

Vous avez voulu découvrir les motifs de notre conduite, et l'idée la plus simple, la plus naturelle, pour vous qui ne connaissiez ni nos personnes ni la foi religieuse qui nous anime, ni la mission qu'à tort ou à raison nous pensons avoir dans le monde, a été de nous mesurer à la mesure de tous les hommes, et même, comme vous saviez que nous n'étions pas prêtres chrétiens, vous n'avez pas pu nous supposer des intentions aussi pures que celles que vous auriez prêtées sans doute à un ministre du Christ, qui se serait approché comme nous d'Élisa en larmes, qui l'aurait comme nous nommé sa fille, qui lui aurait témoigné une affection paternelle comme moi.

Quelle que soit l'opinion que vous vous formiez de la doctrine, que vous la regardiez comme étant un but pour nous, ou même un *moyen*, toujours est-il que vous savez, à n'en pas douter, que nous rapportons à elle tous nos actes, qu'elle nous occupe sans cesse, que plus notre ambition ou notre fanatisme (c'est ainsi sans doute que notre zèle se témoigne pour vous) sont grands, et plus nous devons avoir présent devant les yeux le résultat *utile* de nos démarches : vous avez raison de penser ainsi ; nos visites assez fréquentes, notre assez longue correspondance, ne nous semblent point de simples passe-temps de galanterie mondaine ; vous ne nous croyez pas plus hommes à faire ce qu'on appelle *la cour,* que ne l'ont été les ambitieux et les fanatiques de tous les temps.

Mais il ne me suffit plus ici de parler, comme je le faisais tout à l'heure, de l'avenir d'Élisa, avenir incertain, funeste même, si elle reste loin de nous, vous ne m'écouteriez plus ; ce *dévouement* pour elle, à une époque où règne l'*égoïsme,* vous semblerait au moins une illusion momentanée à laquelle je me serais livré, ou peut-être même un mensonge ; ce n'est donc plus d'elle, mais de nous que vous voulez que je vous parle.

Que voulons-nous de la veuve de Félix ?

Rien, si malgré nos soins elle reste ce qu'elle était, impatiente, capricieuse, irrésolue, changeante, coquette, égoïste ; rien, si la veuve de

Félix ne comprend de Félix, n'aime en Félix que ce qu'il y avait de moins bon, de moins élevé en lui, c'est-à-dire sa vive affection pour *elle* et non cette âme tendre, généreuse qui savait sympathiser avec tout ce qui promettait de la joie, du bonheur *autour de lui*. Nous ne voulons rien d'Élisa, si cette chère enfant n'aime pas enfin *comme un père* celui qui, convaincu que Dieu lui a donné mission, par Saint-Simon, de faire connaître sa nouvelle parole d'amour au monde entier, sait cependant trouver du temps, consacrer ses efforts à la rendre bonne, aimante, à la rendre *digne* d'être aimée par les dignes frères de Félix : nous ne voulons rien d'elle; tant qu'elle n'aura pas senti ce qu'il faut qu'elle devienne pour entrer dans le monde nouveau où nous l'appelons, tant qu'elle ne vous aura pas prouvé à vous-même combien notre affection pour elle lui aura été salutaire : nous ne voulons rien d'elle, si elle reste sans religion, sans foi, sans amour, si elle ne connaît ni *dévotion* ni DEVOIR, nous ne voulons rien d'elle, si vous ne nous bénissez pas vous-même, nous que Félix aimait, d'avoir reporté sur Élisa l'amour que nous avions pour lui.

Et qu'auriez-vous donc pensé de nous, madame, vous que Félix avait déjà entretenue des sentiments dont nous avions ému son âme, vous à qui il nous avait dépeints sans doute comme des cœurs élevés et généreux, pleins d'amour pour l'humanité souffrante ; qu'auriez-vous pensé de nous, si, lorsque Félix nous a été enlevé, nous avions borné à quelques froides visites de politesse, à des cartes mensongères, les témoignages de tendresse paternelle que nous devions à la veuve de Félix ? Qu'auriez-vous dit de nous, si, facilement rebutés par des défauts qui tiennent à son éducation si mauvaise, à son entourage si futile, à sa vie passée si oisive, nous nous étions retirés, sans foi dans l'avenir de celle que Félix avait tant aimée, l'abandonnant encore au monde dont Félix s'efforçait déjà de la faire sortir ? Vous auriez dit : Dieu n'est pas là !

Je le répète, nous ne voulons rien d'Élisa, si elle ne veut pas être digne de Félix, de nous, si elle ne veut pas être digne de porter le nom de saint-simonienne : c'est assez vous dire que, si elle méritait ce titre, elle serait ce que sont toutes nos filles, et je ne sache pas que quelqu'un de ceux qui les connaissent ait rougi de se trouver auprès d'elles ; aucune d'elles n'abandonne son ancienne famille et ses enfants pour venir à nous, car nous ne sommes pas chrétiens, et nous savons que le monde a besoin de nous ; toutes au contraire sentent qu'elles ont mission de répandre l'amour, là où règne l'égoïsme ; de faire aimer Dieu là où il est méconnu, d'apporter l'ordre et le travail là où s'agite dans le désordre l'oisiveté. Aussi ne brisent-elles pas les liens qui les unissent à ce monde que nous venons régénérer, vivifier.

Élisa serait ce que sont toutes nos filles, associée à nos efforts pour annoncer la venue du règne de Dieu (sur la terre), c'est-à-dire la récompense selon les œuvres ; pour préparer l'ère définitive de l'humanité. Vous, madame, vous qui êtes *chrétienne*, avez-vous oublié ce que les femmes ont fait pour répandre la parole du Christ? Eh bien, nous, nous croyons qu'elles peuvent, qu'elles doivent faire plus encore, pour propager celle de Saint-Simon, qui leur promet l'affranchissement de cette tutelle de la force que Jésus, que saint Paul ont laissé encore peser sur elles : tel serait le sort d'Élisa. Croyez-vous que ce soit manquer à la mémoire de Félix?

Je le sais, les lettres que j'écrivais à Limoges, ont dû blesser et ont blessé vos croyances chrétiennes et les préjugés du monde actuel, elles vous ont paru extraordinaires jusqu'à l'inconvenance, peut-être aussi jusqu'à la barbarie. Vous n'avez pas compris un homme qui disait ce que tout le monde pense, même Élisa, et que personne ne dit ; et vous-même qui êtes convaincue (j'en suis certain, car vous connaissez votre belle-sœur), qu'Élisa ne gardera pas un éternel veuvage, vous qui pensez comme sa mère, comme G...., comme moi, sur ce sujet, vous qui cherchez déjà à la *prémunir* contre ce que vous nommez son exaltation, oubliant même qu'avec son caractère cette opposition est le moyen de l'exalter, vous ne me comprenez pas, moi qui cherche à la diriger vers celui QUI M'EST ENCORE INCONNU, mais qui seul peut lui donner l'amour, le bonheur que Félix put à peine lui promettre. Élisa a été déjà unie à un enfant de Saint-Simon, elle le sera encore, si elle-même embrasse avec amour notre foi, non que je veuille dire par-là que le nouvel époux soit déjà au milieu de nous, peut-être est-il réservé à notre fille de nous amener elle-même ce nouvel enfant ; ce que je veux dire, c'est que nous lui apprenons sans cesse à quel signe elle pourra reconnaître un cœur pur comme celui de Félix ;

c'est que nous élevons son âme au niveau de celle de l'ami qu'elle pleure, elle qui en était si loin ; c'est que nous voulons la voir sympathiser avec les idées généreuses qui faisaient la vie de notre cher enfant.

Mais je reviens à ce que nous attendons d'Élisa, au but *intéressé* qui nous fait agir, car c'est là surtout ce que vous désirez connaître, et, faute de l'apprécier, je conçois toutes les suppositions que vous pouvez faire.

Ce but est celui qui nous anime chaque fois que nous aimons quelqu'un ; nous voulons qu'il nous aime, voilà notre égoïsme, et nous le voulons d'autant plus que nous sommes convaincus (que ce soit folie ou raison, cela est) que celui qui nous aime, aime ce qui est le plus aimé de Dieu ; d'autres que vous pourraient blâmer cet ardent *prosélytisme*, mais vous êtes chrétienne, et vous faites plus sans doute que d'excuser saint Paul d'en avoir été animé. Nous brûlons de répandre notre foi, parce que nous avons la foi, et parce que notre foi nous rend heureux ; nous nous efforçons de *séduire* les égoïstes par notre amour, les incrédules par nos espérances, les cœurs flétris par la vie qui est en nous ; nous désirons la conversion d'Élisa, parce que *con-*

vertie elle emploierait à se faire aimer, et ainsi à *nous* faire aimer, tout ce qui jusqu'ici n'a été en elle que des causes de désaffection, d'envie, de jalousie, de méchancetés, de caprices, de plaisanteries mordantes, en un mot tout ce qui, jusqu'à ce jour de terrible et en même temps d'heureuse révélation pour elle, a fait d'elle un véritable petit démon (ce nom vous peindra bien ma pensée) : tout cela, dis-je, serait employé par elle à se faire aimer, car je la suppose CONVERTIE. Si cette conversion n'a pas lieu, si nos efforts sont impuissants, que pourriez-vous craindre de nous pour elle ? Rassurez-vous, nous ne faisons pas entrer de force l'enfer dans notre ciel, ni le vieux monde dans le monde nouveau ; nous aimons la paix, la douceur, la bienveillance, l'ordre, le travail au milieu de nous ; nous n'y appellerions pas, pour tout l'or du monde, l'envie, l'oisiveté, la malveillance, l'impatience, la guerre, fussent-elles parées de toutes les grâces imaginables.

Mais si, je ne dirai pas par hasard, mais par providence, cette conversion avait lieu, vous nous permettriez d'être assez peu *désintéressés* pour exiger notre récompense ; ce serait à vous surtout, ma chère dame, que nous la demanderions, ce serait à vous qui ne nous aimiez pas, tandis que nous vous aimions déjà avant le triste événement qui nous a encore rapprochés de vous; ce serait à vous que nous demanderions par la bouche d'Élisa vos actions de grâces, votre affection, votre reconnaissance, et quelques larmes aussi sur le souvenir de notre bon Félix, par qui vous auriez connu les véritables ministres de Dieu, les prêtres de l'avenir.

P. E.

LXXIXe LETTRE

A MADAME V....

Août 1830.

Rendez grâces à M. G.... et à votre belle-sœur, ma chère fille, ils vous contraignent à réfléchir sérieusement sur votre position actuelle et sur votre avenir; ils vous obligent à bien vous étudier vous-même, à reconnaître ou votre force de femme ou votre faiblesse d'enfant; ils remplissent comme ils le peuvent, et comme ils le *doivent,* auprès de vous, le rôle de véritables amis, et ils vous conduisent, d'une autre manière que moi, au *même but* que je cherche à vous faire atteindre, à votre amélioration. — Oui, G.... a raison, vous marcheriez vers de nouvelles douleurs, vous vous prépareriez des chagrins nouveaux, *si vous restiez la même,* si vous n'étiez à l'*avenir* que l'Elisa D'AUTREFOIS; et Mme A.... sait bien ce que vous *étiez,* elle a bien le secret de votre existence *ancienne,* elle connaît bien la jeune femme qui fut l'épouse de Félix, lorsqu'elle s'efforce de vous rapprocher, en fille soumise, de votre mère, et de vous ramener à une dépendance qui, quelque imparfaite quelle soit, vaudrait toujours mieux pour l'*ancienne* Elisa qu'une indépendance dans laquelle ma chère fille ne trouverait que des chagrins, si elle restait toujours ce qu'elle était il y a quelques années.

On veut, dites-vous, que vous renonciez à vous rapprocher des personnes que Félix aimait par-dessus toutes les autres; on craint pour votre réputation, autant que pour votre *bonheur;* on redoute cette tête si vive, ce cœur si jeune encore qui a d'autant plus besoin d'être dirigé, conduit, *maîtrisé,* qu'il a toujours rêvé l'indépendance ; on se rappelle que ce cher Félix lui-même était un peu comme cela ; qu'il se passionnait pour tout ce qui était grand, généreux, mais qu'il se trompait souvent, et était *aussi souvent trompé ;* on tremble pour vous, car on vous aime. Rendez grâces, je vous le répète, à cette amitié de sœur et de frère que vous trouvez dans Mme A..... et G....., bénissez-les, car ils aident votre père dans l'œuvre qu'il a entreprise.

Mme A..... et G..... ne vous connaissent pas ; vous avez vu dans ma dernière lettre de quelle manière je désirais que vous vous fissiez connaître à votre sœur, en vous montrant à elle meilleure, changée du tout au tout, femme au lieu d'enfant que vous étiez ; bonne, aimante, *ferme,* d'une volonté tendre, vous qui étiez méchante, envieuse, *faible,* d'une volonté jalouse et capricieuse ; c'est donc à vous, à vous seule, de faire cesser leurs craintes, de leur faire concevoir que votre *réputation,* que votre *honneur,* aussi bien que vos joies et votre affection, savent être là où vous puisez des *forces,* un *esprit* et un CŒUR dignes de Félix, dignes de l'attachement d'une femme comme Mme A....., d'une âme aussi franche, aussi généreuse que celle de G..... Vous le savez, chère fille, ce n'est pas encore *pour vous* qu'ils vous aiment, et ils ont raison; mais ils doivent changer; c'est toujours réellement leur amitié *pour Félix* que vous voyez en eux au moment même où ils vous témoignent le plus d'affection, et ils ont raison, dis-je, car Félix était bien plus digne que vous ne l'*étiez* de leur amour.

Vous le savez, la crainte de G..... n'est pas que des liens nouveaux vous rattachent à la vie. Votre mère elle-même est loin de le redouter, et vos belles-sœurs, j'en suis sûr, croient vous connaître assez pour ne pas s'attendre à vous voir toujours sous le voile de la veuve chrétienne. Mais ce que M. G....., ni votre mère, ni vos belles-sœurs ne savent précisément, parce qu'ils ne connaissent bien ni Félix, ni votre amour pour lui, précisément parce qu'ils voient toujours en vous cette jeune fille légère et capricieuse qu'ils ont connue autrefois, cet enfant *irrésolu* et cependant *volontaire*, qui avait des grâces pour haïr, et de la maussaderie dans son amour; ce qu'ils ne savent pas, c'est la *direction* que doivent prendre et votre cœur et votre esprit, et tout votre être, pour qu'ils puissent un jour vous aimer *pour vous-même*, pour qu'ils puissent comprendre comment celui qui aimait si vivement, si chaudement, qui avait un sourire pour tous, a pu se lier, s'unir, s'attacher à celle qui n'aimait rien, qui devait, au milieu du monde, se trouver bientôt *toute seule,* parce qu'elle ne s'était fait chérir de personne. Cela doit être un mystère pour eux, dévoilez-le ce mystère en vous montrant telle que Félix vous rêvait, telle qu'il veut que vous soyez.

G...., vos belles-sœurs et votre mère pensent donc que, jeune comme vous l'*êtes,* faible comme vous l'*étiez,* et comme vous l'êtes encore, impatiente de secouer un joug qui vous pèse, vous êtes prête à vous laisser entraîner là où votre imagination romantique (vous savez que c'est le mot dont on se sert) vous attirerait, et ils en gémissent, et toutes vos démarches les font trembler, ils craignent, disons le mot, *une folie.*

Votre affection pour nous est déjà un *symptôme* dangereux dont ils voudraient repousser l'influence funeste; c'est tout simple, ils ne nous connaissent pas, et ils doivent croire qu'il y a plus de possibilité pour *la folie* dans notre petit monde saint-simonien que dans le monde où G...., vos belles-sœurs, et votre mère se trouvent encore ; monde très-sage, à n'en pas douter, monde dans lequel une jeune femme, une jeune veuve ne trouve que bien difficilement des occasions de chute, de *folie,* surtout si elle a la tête *romantique;* or la vôtre, vous le savez, est de ce nombre. Vous risquez donc tout, près de nous; mais l'on sera bien plus tranquille sur votre réputation et votre bonheur lorsque vous irez habituellement au Gymnase, aux Variétés, lorsque vous jouerez la comédie et irez au bal; vous seriez perdue si on vous savait dans nos réunions de doctrine, où il n'est question que de folies, où, vrais *rêveurs,* nous nous entretenons sérieusement et comme des personnes *raisonnables,* de manière même à faire illusion à ceux qui ne nous sauraient pas *fous,* de l'avenir de de l'humanité, des moyens de rendre les hommes meilleurs et de réaliser *sur la terre* le royaume de Dieu, entrevu par les chrétiens.

Mais la chose est sérieuse, ma fille, et votre père n'est pas disposé à plaisanter lorsqu'il s'agit de votre bonheur.

J'arrive directement à l'explication des paroles de G...., vous ne la lui avez pas demandée; je vais vous la donner ; G.... pense que vous vous marierez, nous sommes d'accord sur ce point; il croit que vous pourrez trouver le bonheur là où vous ne verriez rien qui fut l'*amour*, la *pensée, la vie tout entière* de notre Félix, et moi, je crois fermement qu'il se trompe ; Dieu ne vous avait pas unie pour rien à un des apôtres de la Parole nouvelle ; il ne vous l'a pas fait aimer comme vous l'avez aimé, pour que vous pussiez l'oublier, et ce serait l'oublier que de rentrer dans un monde d'où Dieu lui-même, par moi, l'avait tiré. Dieu ne vous a pas vainement inspiré le désir de nous voir, de vous approcher de nous, d'aimer, de connaître ceux que Félix aimait ; il ne m'a pas conduit inutilement près de ma fille souffrante, moi dont les instants sont comptés, puisque j'ai voué ma vie à la réalisation de la promesse éternelle d'amour, faite non à telle femme, à tel homme, mais à l'humanité tout entière.

Oui, ma fille, vous vous marierez ; mais que G.... se rassure, vous ne pouvez plus faire de *folie ;* vous avez un père, et votre père est entouré d'enfants qui ne reconnaîtraient pas pour leur sœur une femme qui viendrait à eux couverte de honte ; nous sommes aussi jaloux de votre *honneur* et de votre *bonheur* que tous ceux qui ont jamais pu vous témoigner un tendre intérêt, une affection d'ami, un amour de frère ou même de mère ; peut-être n'entendons-nous pas, il est vrai, l'honneur et le bonheur comme les personnes qui tremblent pour vous ; à nos yeux vous seriez *malheureuse* si vous *redeveniez* ce que vous *étiez ;* mais cela est impossible, vous avez déjà rougi de vous-même, et vous seriez *déshonorée,* si lâchement vous abandonniez la voie de progrès que Dieu, par Félix, vous a ouverte.

Mais vous ne sauriez cesser d'être *glorieuse* et *pleine de joie,* quand bien même des gens que vous estimeriez, que vous aimeriez, pour lesquels vous auriez une ancienne reconnaissance même, ne comprendraient pas votre foi nouvelle, et s'en moqueraient en cherchant à vous en éloigner ; croyez-vous que cette foi soit faiblesse en moi, parce que G...., homme d'honneur, cœur droit et généreux, a manifesté des craintes sur votre rapprochement des hommes, des femmes à la tête desquels je marche ; parce qu'il craint que votre honneur ne soit souillé de ce contact avec la flamme qui doit vous purifier ; parce qu'il redoute que vos yeux ne retrouvent des larmes là où vos larmes si légitimes, si cruelles ont été recueillies avec une affection à laquelle vous ne pouviez, vous ne deviez pas vous attendre. Non, ma chère fille, l'opinion de G...., de vos belles-sœurs, n'a rien qui nous étonne et nous chagrine; ils doivent nous juger ainsi ; saint Paul, lui-même, n'était-il pas allé jusqu'à persécuter les chrétiens ; G.... ne sera pas, je crois, un nouveau saint Paul ; mais je vous réponds qu'il sera saint-simonien : lui aussi n'a pas eu l'amitié de Félix pour rien.

Ma fille, votre époux est peut-être déjà *au milieu de nous;* peut-être attend-il *loin de vous et de nous* que vous fassiez pour lui ce qui déjà a été fait pour vous, que votre main le conduise à nous, que vous l'éleviez à votre tour, comme vous avez déjà été élevée ; que PAR VOUS une bénédiction de son père descende *sur lui* comme PAR LUI une première bénédiction est venue, en essuyant *vos* larmes, guérir *votre* cœur de ses plus douloureuses infirmités ; cherchez avec amour cette moitié de vous-même dont vous avez été séparée, *cette voix qui doit répondre à la vôtre,* comme il y a quatre ans la vôtre répondit à son premier appel. Vous devez donc revoir et le monde et nous, vous devez les voir avec cet œil qui cherche celui *qu'on* aime et qui nous aime; avec cette bienveillance pour *tout,* reflet et germe de notre amour pour *un ;* avec le divin *amour-propre* qui nous rend *aimants* POUR *être aimés, sages* POUR *être honorés, forts et beaux* POUR *être soutenus et embellis ;* vous *devez* faire *chérir* en vous cette doctrine D'AMOUR, de *sagesse* et de *beauté,* à laquelle Félix vous a déjà, à votre insu, initiée, et que nous vous ferons chaque jour AIMER, *connaître* et *pratiquer* de plus en plus.

Ah ! ne vous plaignez pas, ma fille, de ce que la tendresse de votre père ne vous indique pas une route plus *certaine;* ne me dites pas qu'elle vous jette dans un *vague* plus douloureux que vos premières douleurs, qu'elle vous laisse plus *seule* que jamais, en vous ouvrant cette double et immense carrière du monde et de la famille naissante de Saint-Simon, pour que vous y retrouviez ce cœur que Dieu de toute éternité veut faire battre près du vôtre ; ma parole est vague, incertaine, parce que vous-même êtes encore impuissante à vous *découvrir* clairement à tous les yeux ; parce que, indécise, irrésolue, faible, vous ne sauriez être fixée, dirigée, appuyée, tant que vous serez voilée de nuages qui *dissimulent* votre amour, *obscurcissent* votre intelligence, défigurent tout votre être ; vous ne m'avez pas dit encore : *voilà qui je suis,* et vous ne le pouviez pas, car vous n'étiez *rien,* qu'un germe ; la parole de vie vous avait été donnée, mais elle avait à peine frappé votre *oreille.* Maintenant elle a pénétré, j'en suis sûr, votre *cœur.* Votre intelligence s'en nourrit, et vous saurez bientôt qui vous êtes ; votre père le sentira avant vous, mais il l'ignore encore. Je sens bien que vous avez pu, *telle que vous étiez,* vous faire aimer de Félix, et c'est pour cela que je suis près de vous, mais vous ne devez pas rester *telle que vous étiez,* et c'est pourquoi je vous dis de connaître les véritables frères de Félix, c'est-à-dire ceux qui sont animés d'un même amour, d'un même esprit, des mêmes efforts ; de marcher avec eux, d'agir comme eux sur ce monde qu'ils doivent régénérer et qui renferme tant de malheureux, frères aussi de Félix, attendant, des cœurs aimants comme les nôtres, une véritable résurrection, une vie nouvelle. . . . .

Ma fille, vous avez beaucoup à faire, mais vous pouvez beaucoup si vous aimez, non comme vous aimiez naguères, mais comme Saint-Simon veut qu'on aime ; vous avez beaucoup à faire pour justifier aux yeux de Mme A. . . .

et de G...., aux yeux des personnes qui vous aiment, l'affection que vous témoignerez. Si vous ne deveniez pas chaque jour meilleure, si l'on ne découvrait pas sans cesse de nouveaux progrès dans votre intelligence, une plus grande affabilité dans vos manières, on ne comprendrait pas les démarches de la doctrine auprès de vous, on gémirait de votre affection pour elle, on devrait soupçonner nos intentions, craindre pour votre *réputation* et pour votre *bonheur,* et *on aurait raison;* notre conduite serait condamnable et la vôtre déplorable. Vous voyez donc ce que vous avez à faire et pour vous, et pour eux, et pour nous, car nous sommes tous intéressés à vos progrès ; par amour pour nous, pour eux et pour vous, ma chère fille, rapprochez-vous de Félix.

P. E.

LXXXe LETTRE

A MADAME A....

Août 1830.

Le ton que j'ai pris dans ma correspondance avec Élisa vous avait indisposée contre moi; n'était-ce donc pas celui que je *devais* prendre avec elle? Dieu ne veut-il plus que nous nous fassions *tout à tous pour les aimer tous?* Pourquoi n'avez-vous pas fait la distinction de l'ironie *aimante* d'avec l'ironie mordante, méchante, irritante? Vous saviez cependant, comme moi, qu'Élisa trouvait du plaisir dans un salon, dans les bals, dans toutes les réunions, à exercer sa vivacité, son imagination, à critiquer à peu près tout le monde. Je devais donc lui parler son ancienne langue, pour me faire entendre d'elle, et je ne me vante pas ici d'avoir fait cela seulement par *calcul,* il m'a suffi de la voir, pour sentir que c'était ainsi que je devais lui parler; seulement, au lieu de médire *des autres* avec elle, c'est elle-même que je me suis plu à lui faire regarder, et je crois l'avoir disposée ainsi aux progrès qu'elle doit faire.

Vous m'engagez à être l'ami d'Élisa comme j'étais l'ami de Félix ; mais il serait bon de nous entendre sur ce titre d'*ami*. Sans doute, si j'étais prêtre chrétien, confesseur d'Élisa, ce nom d'ami ne se serait pas présenté à notre plume ; c'est donc toujours parce que vous ne me reconnaissez pas un caractère sacré que vous me donnez ce nom ; vous sentez qu'il m'est au moins aussi difficile de me dépouiller de ma foi sous ce rapport que de vous donner la mienne ; je *crois* qu'aucun prêtre, aucun confesseur, n'a une mission plus divine que celle des enfants de Saint-Simon, une moralité, une science et un avenir plus grands que les nôtres ; vous ne le croyez pas et voilà pourquoi vous m'engagez à être un *ami*, comme Gilet, ou Denormandie : vous devez sentir que sur ce point nous ne saurions nous entendre.

Vous craignez les révolutions, dites-vous, mais, il ne *suffit pas* de craindre les révolutions pour qu'elles n'aient pas lieu ; il faut voir si ceux qui les *désirent,* doivent finir, providentiellement, par réussir, et alors employer tous ses efforts pour qu'elles se fassent pacifiquement. Il faut être bien mal, ajoutez-vous, pour vouloir changer, cela est vrai ; mais trouvez-vous que les *masses laborieuses* soient si bien, et ici je ne parle pas de leur nourriture, de leur vêtement, de leur logement, quoique tout cela jure cruellement en présence du luxe et de la richesse d'une foule d'hommes qui emploient, dans *l'oisiveté,* cette richesse à démoraliser ces masses *laborieuses;* je veux surtout mettre sous les yeux d'une femme religieuse, ce peuple sans religion ou superstitieux, insensible ou brutal, ignorant ou perverti par une fausse science, je veux vous répéter simplement ce que, chaque jour, depuis longtemps déjà, les ministres du Christ vous disent à vous-même. Sans doute, ce peuple ne sait pas ce qu'il lui faut, mais il est mal, et, je le répète, ne me dites point qu'il ne manque pas de pain, le *pain de vie* lui manque complétement, il N'AIME RIEN ; pour le domestique le maître est un ennemi, l'ouvrier considère ainsi son bourgeois, le citoyen ses chefs, les sujets leurs rois et les rois leurs conseillers : ces hommes-là sont-ils *bien ?*

Mais il faut vivre et mourir dans la foi de ses pères, dites-vous encore. Les pères de nos pères furent juifs ou païens, ils ont changé, grâces à Dieu, par Jésus-Christ : votre dogme de la fidélité à la foi des pères n'est donc pas immuable c'est à la voix de Dieu qu'il faut être fidèle, et Dieu parla par Jésus un autre langage que sur le Sinaï ; Saint-Simon a fait entendre une nouvelle parole d'*amour* à l'humanité ; pourquoi ne pas l'écouter ?

C'est du *prosélytisme,* et vous le redoutez ; c'est de l'*intolérance,* et vous paraissez vous-même en accuser l'Église catholique. Sans le *prosélytisme* des chrétiens, vous seriez païenne et par conséquent esclave ; sans leur *intolérance,* vous seriez arienne, ou plutôt vous seriez ce que sont les peuples où l'arianisme a régné, vous seriez mahométane. Sans notre prosélytisme, les *bourgeois* seraient un jour égorgés comme les nobles et les prêtres l'ont été ; sans notre intolérance, le protestantisme et l'athéisme, et par conséquent l'égoïsme qui en est la suite inévitable, couvriraient le monde, comme ils sont déjà entrés dans le cœur d'Élisa.

Maintenant, je reviens à cette chère fille: vous pensez que je lui fais peur du monde et de sa famille, que je veux la détacher de sa sœur et de sa mère, et de son enfant !! Qui donc a pu vous faire croire pareille chose? Si j'étais prêtre chrétien, si notre église était un couvent, si l'on n'y connaissait plus, comme dans l'Église catholique, les doux liens de la famille *génératrice,* si nous renoncions au monde, à ce que le prêtre nomme Satan et ses pompes, c'est-à-dire ce qui peut attacher, comme ils le disent encore, à cette *terre de boue,* votre reproche serait fondé; vous nous accusez, permettez-moi l'ironie, de tout ce que le *Constitutionnel* reproche avec quelque raison au catholicisme; mais cela ne s'adresse pas à nous. Mon père et ma mère, que j'ai le bonheur d'avoir encore, ne m'ont point dit anathème; plusieurs de nos disciples sont mariés, ont des enfants, et ne les traitent pas comme Rousseau; ceux qui ont des frères, des sœurs, font ce que Félix essayait déjà près de vous; ils leur parlent de la grandeur de la doctrine, et cherchent à les émouvoir par le tableau du bonheur qu'elle promet à l'humanité; à ceux qui sont athées, ils s'efforcent de leur donner une foi nouvelle, aux égoïstes ils leur ouvrent le cœur pour y semer des pensées généreuses; aux oisifs ils leur font désirer les joies du travail; mais ils ne *s'éloignent pas d'eux;* s'ils s'en détachaient, c'est qu'ils ne seraient pas animés de *prosélytisme* : or, vous savez que nous en avons beaucoup ; s'ils s'en détachaient, pourquoi ne me serais-je pas, à plus forte raison, détaché d'Élisa ? Cela m'était bien plus facile qu'à elle de quitter sa mère, sa sœur et son enfant. — Rappelez-vous, au contraire, que c'est elle qui, au moment où ce coup terrible l'a frappée, recevant la douleur en chrétienne, voulait fuir ce *monde* de *misères*, de *souffrances*, se retirer, loin, bien loin, dans un désert, non en présence de Dieu, elle ne prononçait pas ce nom, mais en présence du néant, c'est-à-dire d'un *souvenir* sans *réalité ;* je ne me suis pas éloigné d'Élisa, parce que après m'être approché d'elle seulement par affection pour Félix, je n'ai pu croire que Dieu ait établi entre nous ce premier lien de protection, de consolation, sans qu'il dût en résulter un *progrès* pour la fille qu'il me donnait ; et le jour où Élisa serait saint-simonienne, elle se sentirait une *mission* semblable à l'égard des personnes au milieu desquelles Dieu l'a fait naître, qui lui ont donné la vie, qui l'aiment, et qui, en même temps, ont bien quelquefois des douleurs à consoler, plus souvent encore des douleurs à *prévoir :* la vie ne sera pas toujours pour Mme L.... et Mme D...., ce qu'elle est *peut-être* aujourd'hui, riante, facile, sans nuages, sans ennui, entourée de soins, de prévenances, de distractions. Vous le savez, madame, dans notre siècle, toutes les femmes n'ont pas la piété de votre mère ; pour elles, en général, la vieillesse n'a plus de fleurs, elles s'en consoleraient facilement s'il y avait des fruits ; mais pour que ces fruits viennent, il faut non-seulement avoir *semé,* mais aussi avoir *cultivé, arrosé, taillé,* il faut avoir TRAVAILLÉ. C'est à vous aujourd'hui à prévoir les suites de l'oisiveté ; devant Mme L.... on ne peut parler ni de la mort ni de la vieillesse, elle en a peur, comme vous avez peur des révolutions ; cela n'empêche pas non plus la vieillesse et la mort d'arriver ; il faut qu'Élisa rende à sa mère plus qu'elle n'a reçu d'elle, il faut qu'elle donne d'heureux jours à celle qui lui a donné peu de jours bien remplis ; mais pour cela combien ne doit-elle pas s'améliorer ?

Vous me dites que j'ignore ce que c'est que l'amour maternel, que *seul* il peut suffire au cœur d'une femme, qu'il peut le remplir tout entier, et qu'Élisa l'avait longtemps méconnu ; certes, madame, c'est un progrès pour qui n'a senti *qu'un* seul amour, pour la femme qui n'a connu *que* les joies de l'épouse, d'éprouver celles de la mère ; mais prenez garde de mettre, pour peindre ce sentiment si doux, une exagération qui, quoiqu'elle soit plus légitime que celle qui régnait dans l'amour *exclusif* d'Élisa pour Félix, n'en serait pas moins condamnable, je ne dis pas dans une saint-simonienne, mais même dans une chrétienne. L'amour maternel *seul* ne peut remplir *tout entier* le cœur d'une femme que dans une famille sauvage, sans Dieu, sans morale, sans amis, sans frères, mais non dans la *société* humaine ; la mère alors est à peu de chose près une lionne qui défend ses petits contre tous, car n'aimant *qu'eux seuls,* elle rapporte *tout à eux,* non par affection pour le *tout,* mais par affection aveugle pour *eux.* Aussi, dans une pareille famille, le malheureux enfant lui-même est un esclave ; s'il aime quelque *autre chose* que sa mère, celle-ci est jalouse, elle souffre, elle se dit abandonnée par un ingrat. Jésus ne nous a pas seulement enseigné à aimer nos pères et nos enfants, la loi d'amour était plus large ; la femme qui n'aime QUE ses enfants ne saurait être une bonne mère, ni par conséquent une heureuse mère, car Dieu ne donne le bonheur qu'à la bonté ; je pense bien que vous n'avez employé cette forme *absolue* que parce que vous vouliez combattre une cruelle disposition que vous supposiez en moi. Rassurez-vous, une femme qui n'aimerait pas son enfant, qui pourrait l'abandonner, serait peut-être reçue par les prêtres chrétiens comme étant digne de prendre le voile de l'épouse mystique du Seigneur, ce serait une des épreuves d'initiation à la vie dévote qu'on lui imposerait, elle aurait prouvé par là son détachement des lois terrestres ; pour nous les épreuves sont différentes ; je me réjouis, comme vous, de voir Élisa ouvrir les bras à son enfant, et trouver pour lui un sourire d'amour ; mais je ne croirais pas l'avoir améliorée, le jour où son affection pour son fils serait devenue aussi exclusive, je dis plus, aussi égoïste que celle qu'elle avait pour Félix ; il est beau d'être épouse, d'être mère, mais avant tout il faut être femme, et avoir le cœur ouvert aux joies et aux douleurs dont Dieu nous entoure pour nous élever à lui.

Vous me reprochez encore de l'agiter et de la rendre malheureuse ; l'agiter, c'est en effet ce que je désire, parce que je sais comme vous qu'elle a l'imagination vive, que cette imagination, si elle était sans objet, serait encore plus *agitée,* et même que, faute d'avoir l'*agitation* que peut lui causer la parole de son père, il lui en aurait fallu nécessairement une autre, fût-ce celle du désespoir ou tout autre que vous pourriez imaginer : vous le dites vous-même, elle n'a pas ce calme, cette résignation douce avec laquelle on peut s'en rapporter *au temps* pour cicatriser des plaies profondes, résignation si souvent compagne de l'indifférence ; elle n'a plus non plus ces goûts que, nous autres hommes, nous affectons si généralement de regarder comme les vertus de notre sexe, et qui font les *ménagères*. A quoi croyez-vous donc que s'occuperait cette tête si vive, ce cœur impressionnable, si on s'efforçait de leur donner des liens qui seraient de plomb pour elle ? Il est des blessures et des blessés qu'il faut panser à l'eau de guimauve, mais d'autres qui ne guérissent pas ainsi.

Je fatigue sa tête, ajoutez-vous, et je ne touche pas son cœur ; je crois que vous vous trompez ; vous auriez dû dire : la *doctrine* fatigue sa tête, mais elle a de l'affection pour *vous ;* et c'est en effet par son affection pour *moi* que je peux compter qu'elle *comprendra* la doctrine, ce qui veut dire qu'elle ne peut encore s'élever à des affections *générales* que par des affections *individuelles,* qu'elle n'aimera la *religion* qu'après avoir éprouvé de l'affection pour le *prêtre;* qu'elle sera *saint-simonienne,* parce qu'elle aura commencé à aimer à être *ma* fille; ceci est inévitable, on lui a trop peu appris à comprendre les sentiments *généraux* ou *généreux* pour que cela ne se passe pas ainsi; il est certain qu'elle ne voudrait jamais aimer, apprendre, pratiquer, ce que j'aime, ce que j'enseigne, ce que je fais, c'est-à-dire la *doctrine,* si elle n'avait pas d'affection pour *moi;* or, si elle n'avait pas d'affection pour moi, si celle que je lui témoigne n'avait pas, comme vous le dites, touché son cœur, je la regarderais non comme réprouvée, car je ne suis pas chrétien, mais comme étant bien faible de cœur, car je l'ai traitée comme une fille chérie; mais telle n'est pas mon opinion : son cœur n'est pas faible, il a été mal développé. Je sais bien que cette désharmonie entre l'attachement qu'elle a pour moi et son ignorance de la doctrine est pour elle une cause de plus d'*agitation;* j'espère même que cette agitation sera assez forte pour lui faire désirer enfin de *comprendre* cette doctrine que Félix aimait tant, et à laquelle elle me voit consacrer toute ma vie; mais ce jour-là ne dites plus qu'elle serait malheureuse, car elle aurait un but d'activité ; c'est ce qui lui manque essentiellement aujourd'hui, et c'est une chose sans laquelle une personne *vive* comme elle serait toujours malheureuse, car cette *vivacité* l'exposerait à faire bien des fautes, à contracter même les vices qui sont la conséquence de l'inaction contre nature, à laquelle une tête comme la sienne ne saurait se soumettre.

Je crois avoir répondu aux principaux passages de votre lettre ; il en est encore un toutefois sur lequel il faut nécessairement que je vous éclaire ; vous y jugez nos intentions et nos actes, permettez-moi de vous le dire, avec légèreté : — vous dites que nous avons *profité* d'un moment d'effervescence, pour chercher à l'augmenter, pour soulever le peuple. — Nous savons quelle est AUJOURD'HUI notre puissance sur le peuple, elle est nulle ; nous n'essayons pas de le soulever, mais nous voudrions que les *bourgeois* apprissent qu'il se soulèvera, d'autant plus certainement, que pour l'empêcher on n'emploierait d'autre moyen que la baïonnette et le canon. — Charles X a cru que quelques gendarmes feraient taire des voix importunes, les bourgeois sont presque aussi aveugles que lui : nous avons *profité* des événements pour les avertir, et nous avons, en partie, réussi : on commence à reconnaître aujourd'hui que toute la question politique est là ; qu'il ne s'agit plus de prêtres et de nobles, comme en 89 et même comme en 1829, mais bien du peuple et des bourgeois, ou mieux encore des *travailleurs* et des *oisifs*, c'est beaucoup de savoir où est la question, et comment elle doit être posée : le *Journal des Débats*, aussi bien que la *Gazette de France*, aussi bien que les journaux les plus libéraux en sont venus là ; ils en tirent tous, pour le moment, des conséquences différentes, mais ils savent de quoi il s'agit : Saint-Simon le leur a annoncé depuis 1814, ils se sont moqués de lui ; nous continuons l'œuvre de notre maître, et l'on commence à se moquer un peu moins de nous ; après nous avoir trouvés ridicules, incompréhensibles, obscurs théoriciens, ceux qui ne viennent pas encore à nous, nous trouvent dangereux et trop compréhensibles, trop clairs, — puisqu'ils prétendent, comme vous, que nous allons remuer le peuple. Du rôle de rêveurs, nous sommes passés, suivant eux, à celui d'agitateurs ; les premiers chrétiens ont été traités ainsi, et cela doit être, car nous parlons de l'amélioration du sort du peuple, comme les apôtres parlaient en faveur des pauvres; relisez les Actes et les Épîtres, madame, et dites-moi, si, en vous reportant par la pensée dans une société où il y avait des maîtres et des esclaves, vous n'auriez pas regardé saint Paul, vous qui nous accusez d'agiter le peuple, comme venant le soulever et tout bouleverser? N'est-ce pas pour cette raison même qu'on a versé le sang des martyrs dont vous vénérez les noms? Les païens et les athées, après les avoir bafoués comme insensés, après avoir refusé de les étudier, de les entendre, n'ont point compris ce qu'il y avait d'avenir dans leurs paroles, et les ont condamnés comme auteurs des maux auxquels cette parole elle-même venait apporter un remède. En vous remettant ainsi les premiers temps du christianisme sous les yeux, j'espère que vous ne trouverez plus que notre amour pour le peuple soit une raison *suffisante* pour nous blâmer; c'est pour cela que je n'ai pas craint d'employer le mot de légèreté en parlant du jugement que vous avez porté sur nous; pour qu'il fût fondé, il faudrait que vous pussiez me prouver que le peuple est *bien*, et que ses relations avec les classes supérieures sont très-favorables à tous ; que dans notre société on fait tout ce qu'on peut pour élever chacun suivant sa capacité, quelle que soit sa naissance.......

Tout est là !

P. E.

LXXXIe LETTRE

A HOART

Août 1830.

Cher fils, votre père Rességuier a dû vous instruire de la satisfaction que nous donnait votre amour pour nous et pour vos fils ; il vous en a transmis le témoignage, il vous a, en notre nom, appelé au second degré, vous êtes le chef de l'Église de Toulouse, et, sous la direction immédiate de celle de Sorrèze, au même rang que celle de Montpellier. Le Midi est à nous.

Vous devrez, pendant quelques mois encore, consacrer vos efforts à l'exposition *rationnelle* de la doctrine, au développement des travaux publiés par elle, et surtout à l'*enseignement* du volume que vous allez recevoir : mais dès à présent, votre but doit être de jeter principalement les yeux sur les hommes qui bientôt pourront PRÊCHER, sous votre direction la parole d'avenir. Paris vous a donné l'exemple; nos très-chers fils Barrault, Transon, Laurent ont déjà montré au monde que nous venons régénérer la puissance de cette doctrine qui, naissant à peine, peut déjà donner des maîtres aux prédicateurs chrétiens et aux orateurs profanes. Le jour approche où, sortant de l'étroite enceinte de notre temple actuel, nous appellerons le peuple à nous entendre; alors il faudra que nos fils soient prêts à répéter sur tous les points, où par eux, la voix de Saint-Simon s'est déjà fait connaître, les accents qu'aura entendus la métropole. Dès ce moment, cher fils, notre rôle politique commencera, nous ne serons plus une association philosophique ou scientifique, nous ne serons plus même une association religieuse, nous serons les guides de l'humanité, car aucun fait social de quelque importance ne pourra se produire que nous ne l'ayons prédit et par conséquent provoqué; les enfants de Saint-Simon, après avoir assez longtemps prouvé qu'ils étaient maîtres du passé, se montreront aussi les maîtres de l'avenir; ils seront tous prophètes et prépareront ainsi l'époque où ils seront enfin véritablement prêtres du Dieu vivant, pères de la famille humaine, législateurs, rois, pontifes, maîtres du présent.

C'est donc l'avenir surtout qu'il faut dévoiler maintenant, qu'il faut faire révérer, aimer, et c'est surtout aux hommes *actifs* qu'il faut vous adresser, tandis que jusqu'ici c'est sur les hommes *studieux, réfléchis, instruits,* c'est sur les *savants,* les *observateurs* du *passé*, les hommes *passifs* que notre parole agissait : c'est donc par l'INDUSTRIE surtout, c'est par le tableau de la constitution future de la *propriété* et de l'organisation du travail *industriel,* c'est par la destruction de l'*héritage,* par la *rétribution selon les œuvres,* par l'*intérêt* que nous devons procéder, après avoir parlé aux hommes *dévoués.*

L'*Organisateur* vous guidera. La politique va y jouer chaque jour un rôle plus important; et dans la politique, ce sera plus encore le développement de l'ordre social futur, que la critique de la critique que nous devons avoir en vue, sinon dans les premiers numéros, du moins pour l'avenir.

Vos réunions ont sans doute repris leur activité ; les derniers événements politiques que l'on aurait pu croire d'abord de nature à distraire, pendant quelque temps, de la doctrine, sont au contraire de puissants motifs pour vous faire trouver des auditeurs curieux de connaître les prévisions de la doctrine, car tout le monde est frappé de l'imprévoyance qui règne généralement.

Marquier et Bart nous disent que vous quitterez probablement bientôt Toulouse, c'est un excitant de plus pour vous, car il faut nécessairement que vous laissiez après vous la doctrine en mains capables de la répandre comme vous l'avez fait. — Le commandant Hennoc, nous dit-on, marche bien ; Vacquier est sans doute complétement à nous ; Marquier va se trouver très-rapproché d'eux ; vous pourrez donc, missionnaire de la foi nouvelle, fonder ailleurs une autre église, c'est pour cela seulement que vous êtes officier d'artillerie.

Faites faire quelques travaux à vos fils, et faites nous les connaître ; écrivez-nous vous-même plus souvent : jusqu'ici nos fils de l'église du Midi ont eu presqu'exclusivement le caractère de disciples, ils ont beaucoup reçu et peu donné, et cependant il nous importe de connaître les formes sous lesquelles la doctrine, élaborée par eux, se manifeste à leurs propres disciples.

Nous vous envoyons quelques exemplaires du volume qui renferme les travaux de l'année dernière ; répandez-les, vendez-les, c'est une des œuvres industrielles de la doctrine ; pressez aussi les abonnements de l'*Organisateur;* il faut (plus encore pour nous que pour les chrétiens) que le prêtre vive de l'autel : nos diacres ne reçoivent pas encore de nombreuses offrandes ; chargez-vous ou chargez un de vos fils des intérêts temporels de la doctrine ; notre budget, qui est déjà bien organisé à Paris, devra bientôt s'étendre aux provinces, dont le devoir sera de donner matériellement en proportion de ce qu'elles reçoivent spirituellement : Là où est cette harmonie, là est l'amour : nous avons, sous ce rapport, bien des préjugés à combattre, grâces au christianisme on reçoit et l'on demande des biens spirituels sans honte, il n'en est pas de même lorsqu'il s'agit de cette vile matière. Tel qui se croirait déshonoré en sollicitant un don temporel, et songerait à l'instant à ces mots : mendiant, aumône ; croit vous rendre hommage en prenant, même de force pour ainsi dire, votre temps, vos conseils, votre instruction. Tel encore qui croirait être utile et agréable en communiquant quelques-unes de ses méditations, de ses réflexions, de ses pensées, à un ami, croirait s'avilir en lui portant l'offrande de la chair. Voilà des racines chrétiennes profondément enfoncées encore dans le sol sur lequel nous plantons, il faut les extirper, si nous voulons que l'arbre saint-simonien prospère.

Cher fils, votre père vous embrasse.

P. E.

LXXXIIE LETTRE

A MADAME AGLAÉ SAINT-HILAIRE

Septembre 1830.

J'ai reçu un billet de maman tellement dur, à propos du logement à Paris avec moi, que vous ferez fort bien d'aller chez Mme Bazard. J'aurai ce soir une petite explication qui sera sans doute chaude; le tête-à-tête vaudra mieux

— maman a lancé l'anathème contre la doctrine, il faut que je la fasse un peu revenir ; elle a perdu la tête dans sa lettre. — Je n'ai pas pu vous voir ces jours-ci ; cette petite guerre avec maman n'était pas nécessaire pour m'occuper ; outre cet agrément, j'ai des maux de dents très-douloureux. Je vous dirai ce soir ce qui se sera fait à Mesnilmontant. Adieu.

P. E.

LXXXIIIe LETTRE

A LA MÊME

Septembre 1830.

Il n'y a rien eu de nouveau lundi à Mesnilmontant ; maman est encore mal disposée à cause du logement. Elle n'a pas compris ce que je lui ai dit que mes devoirs de doctrine me *liaient* plus encore que ne lient dans le monde des devoirs conjugaux. Elle se figure sans doute que j'ai fait des serments, une association écrite signée devant notaire et peut-être même avec mon sang, enfin que j'ai fait un pacte diabolique avec la doctrine. Si elle vous en parle, dites-lui que je suis *lié* par l'affection que l'on a pour moi et qui est plus grande sans contredit que celle qui existe en général même dans les meilleurs ménages ; ce qui implique pourquoi j'ai dit que, si je m'étais marié, j'aurais eu mon ménage séparé, à bien plus forte raison aujourd'hui.

Ce que maman n'a pas encore compris, c'est que tout ce que je veux obtenir par là, c'est d'être mieux ensemble que nous ne le serions inévitablement, vu le peu d'affection qui existe chez mon père et chez elle pour les idées, les travaux et les espérances de la doctrine, s'ils en avaient continuellement le spectacle sous les yeux et le bruit dans les oreilles. Maman prend cela pour de l'éloignement par indifférence, tandis qu'il l'est par affection. Je suis bien sûr qu'elle m'aimera mieux en me voyant moins occupé, absorbé, entouré par la doctrine que si elle voyait combien mon cœur, mon temps sont pris par et pour mes travaux. Papa me l'écrivait encore dernièrement ; il est convaincu que la doctrine me mène droit à l'hôpital, le faire revenir de cette idée me paraît impossible, puis-je donc le mettre sans cesse en présence de ce qu'il regarde comme m'étant si funeste? Ah! s'ils croyaient comme moi que là est mon avenir de bonheur,de gloire, aussi bien que de richesses, ce serait autre chose? Adieu, chère fille, je vous embrasse. J'ai diné hier chez Camille; Saint-Cyr n'a pas fait mauvaise mine; Camille non plus; le général...? qui se moque de tout, plaisantait sur les *immortelles* journées.

P. E.

LXXXIVe LETTRE

A RESSEGUIER

Paris, 28 octobre 1830.

Mon cher fils, vos lettres sont rares, la dernière était un peu molle; le feu que vous aviez puisé dans votre séjour ici commence à avoir besoin d'aliments nouveaux bénis par nous. Envoyez-nous Bouffard, à son retour il vous réchauffera tous.

En attendant et dès ce jour, occupez-vous avec autant d'activité de faire des abonnements au *Globe* que vous avez mis à en faire pour l'*Organisateur*, usez de votre influence et donnez vos instructions à vos fils, pour faire substituer, partout où il sera possible, ce journal aux *Débats*, *Constitutionnel*, *Courrier*, *Temps*, *Commerce*, etc. Occupez-vous en même avant qu'il ait pris le cachet saint-simonien, ce qui ne peut pas se faire d'ici à un mois.

Lherminier est au second degré (je crois que vous en avez été prévenu ; il y est entré en même temps que Ribes, il y a huit jours). Leroux et Sainte-Beuve sont venus à nous, confessant l'embarras de leur position, et il est déjà convenu que le *Globe* serait dorénavant une œuvre saint-simonienne, que nous allions, pendant quelques jours, préparer les voies intérieures et extérieures, pour que tout cela se passe convenablement ; qu'après cela, au chapitre de nos *œuvres*, nous inscririons la *rédaction* du *Globe*, et à la liste de nos *enfants*, les trois *rédacteurs* actuels du *Globe*.

Ainsi, dans peu de jours, cher fils, la parole saint-simonienne aura un organe quotidien auquel il faut que vous prépariez le plus d'oreilles possible ; vous devrez, de plus, vous occuper de nous donner, de temps à autre, des travaux de vos fils et de vous, soit sur les faits pratiques qui se passeront dans vos pays, soit aussi sur des questions scientifiques ou industrielles, politiques, religieuses, philosophiques que vous ferez traiter dans le but d'être publiées dans le *Globe*. Votre correspondance comme saint-simonien sera même quelquefois fort bonne à insérer pour mettre le public au courant des efforts de propagation, quand nous pourrons donner des nouvelles d'efforts semblables à Montpellier, Metz, Bordeaux, et bientôt, j'espère, à Lyon.

Alby a écrit à Lemonnier ces jours-ci, mais le pauvre garçon était tellement préoccupé d'une pièce de vers qu'il lui envoyait, qu'il a écrit comme s'il habitait un lieu où il n'y ait pas de saint-simoniens. Il ne nous donne de nouvelles de personne ; dites-lui bien que sa pièce de vers, fût-elle excellente, sa lettre ne vaudrait rien du tout, et que, sans avoir lu ses vers, je suis sûr à l'avance qu'ils ne valent rien, puisque leur envoi ne lui a pas inspiré un seul mot sur ses frères, sur Bouffard, sur Combes, Bernadou, etc.

Depuis longtemps Flottes est près de nous, sans cesse chez nous, actif, remuant, parleur, porteur de doctrine en tous lieux, trompette excellente, désirant faire partie de la doctrine. Le souvenir confus de sa brouille avec Marquier nous a seul empêché de le recevoir au troisième degré ; il suit tous les enseignements, assiste à celui des néophytes, nous sert de *bedeau* aux prédications, enfin, sauf ses formes un peu faciles, ses jurons qu'il ne peut retenir, et, je le répète, sa brouille avec Marquier, ce serait, pour le moment, un bon saint-simonien. Il me semble que je vous ai déjà écrit pour vous demander si cette désunion avec votre fils était un fait grave, et exigeait une lente purification ; à entendre Flottes, il a à se plaindre d'indiscrétion et de mauvais procédés de la part de son ancien ami ; quelle est la vérité ?

Votre envoi d'argent en janvier est bien tardif, cher fils, d'autant plus tardif que les comestibles n'arrivent pas. Battez donc monnaie un peu fort ; votre église est encore beaucoup trop à l'état *scientifique*. Il est impossible qu'Alby, Bernadou, Bouffard ne pussent pas faire de temps à autre, à eux trois, un billet de 500 fr. sans être pour cela obligés de vendre des volumes et d'encaisser des abonnements ; tâchez de rendre vos fils aussi *beaux* qu'ils sont *sages*, de leur faire *pratiquer* ce qu'ils *savent*, de nous rendre *matériellement* un peu de ce que nous leur avons donné *spirituellement;* d'Eichtal doit vous répondre, quant à votre compte, mais rappelez-vous que la meilleure base de tous vos comptes, ce sont les besoins de l'église, car vous ne nous devriez pas un volume, pas un abonnement, que si vous aviez de l'argent disponible, vous nous l'enverriez; or, c'est cela qu'il faut obtenir de vos enfants; il faut qu'ils se saignent comme vous vous saignez, d'autant plus que quelques-uns d'entre eux ne sont pas réduits, comme vous, à des *revenus,* mais possèdent des *capitaux*. Personne de ceux-là, j'en suis convaincu, n'a encore pensé que la doctrine exigeât que cette arche sainte, le *capital,* fût entamée, vous pouvez leur dire que c'est ce que fait continuellement leur Père Enfantin, bien sûr qu'il est que des *capitaux* ne nous ont été donnés, aux uns et aux autres, que pour hâter la réalisation du moment où il n'y aura plus que des *revenus* selon les *fonctions*. Il serait piteux, au moment où la propriété sera transformée, qu'il y ait beaucoup de saint-simoniens propriétaires.

Je vous ai dit que votre dernière lettre était molle, cher fils, et cependant nous sommes enchantés de ce que vous nous dites de Toulouse : mais gâtés comme nous le sommes par nos prédications, par le bruit que nous faisons à Paris, préoccupés des enseignements que nous ferons cet hiver, tous les jours, dans les deux quartiers les plus importants de Paris, le nôtre et le pays latin ; ayant sous les yeux, déjà prêts à être mis devant ceux du public, un corps de *légistes,* un autre de *physiciens,* un autre de *physiologistes,* prêts à parler avec autorité à l'École de *droit,* à l'École *polytechnique,* à l'École de *médecine ;* armés, comme nous le sommes, d'un journal quotidien et de l'*Organisateur,* prêts à lancer un second volume et la seconde édition du premier, nous trouvons que vous marchez lentement, et que le contre-coup de nos efforts ne s'est pas encore fait ressentir suffisamment près de vous. Quoi, vous méridionaux, à la parole facile, à la langue sonore, vous, gascons intrépides, vous n'avez pas un seul prédicateur ! C'est pitoyable, et je crois qu'il y a une raison pour cela, c'est que vous n'en cherchez pas, et que vous ne vous adressez encore qu'aux hommes qui sont disposés à nous *étudier,* plus qu'à ceux qui veulent surtout *enseigner,* vous prenez ceux qui *reçoivent* plus que ceux qui *donnent;* et, en effet, mon cher fils, excepté vous, personne ne nous a jamais envoyé un seul petit travail de quelque valeur; il n'est sorti de chez vous qu'une seule lettre de Hoart; pas une profession de foi remarquable ne nous a été envoyée, et vous-même vous vous plaignez de ce que nous ne vous tenons pas au courant des travaux intérieurs du collége; comme si vous ne saviez pas que plus nous irons, et plus les travaux du collége seront des travaux de gouvernants qui se résolvent, soit par l'installation de nouvelles prédications, d'enseignements nouveaux, de publications nouvelles, d'élections, soit par la réunion de la famille sous un même toit, par les décisions sur les réunions de dimanche et jeudi, sur nos habillements, etc.

Revenons au *Globe;* la chose est fort importante, remuez-vous, il sera facile de déterminer des changements, parce que le *Globe,* malgré sa teinte saint-simonienne, sera toujours un journal d'opposition et qu'il aura pour les hommes qui ont besoin d'une gazette pour déjeuner, l'avantage de donner toutes ces petites nouvelles qui sont aujourd'hui une pâture obligée. Parlez de l'attrait de la nouveauté, dites qu'il sera bon de voir le saint-simonisme à la pratique quotidienne, comment il achève la démolition et jette les fondements nouveaux, etc. Ceci pour les plus avancés ; pour les autres, vous savez que le moindre souffle les pousse ; dites-leur ce qui vous passera par la tête, mais déterminez-les à prendre le *Globe*.

Adieu, cher fils, chauffez le Midi, la poire est mûre.

Votre Père vous bénit et vous embrasse.

P. E.

29 octobre 1830.

Encore une feuille, cher fils, je viens de recevoir votre lettre contenant celle de notre fille à son ami ; il y a quelques hérésies, et cependant elle est fort bien. Je répondrai tout à l'heure à plusieurs parties de la vôtre, mais il faut que je je vous parle encore du *Globe*.

Tout est à peu près terminé entre Leroux et nous, maintenant nous allons y mettre le plus de promptitude possible, afin d'enlever les arrangements avec les actionnaires, avant que les bavardages sur la conversion du *Globe* soient de nature à en effrayer plusieurs; pour cela nous nous sommes engagés à prendre les actions qui pourraient être délaissées, jusqu'à concurrence de 10, cela suffira (l'action est de 1,500 francs), dont moitié serait payable en rédaction ; notre but sera de placer ensuite ces actions à nos risques et périls, et cela nous paraît très-facile. Bien des gens à qui nous ne pouvons pas demander d'argent pour la doctrine, en donneront pour être actionnaires d'un journal quotidien ; ce qui nous fâche presque, ce sera d'employer beaucoup d'efforts pour engager de braves capitalistes à faire une affaire qui, selon toute apparence, au train dont marche la doctrine, sera fort bonne, car la curiosité va inévitablement s'attacher à connaître les jugements quotidiens de la doctrine sur les hommes et les événements actuels. Saint-Simon avait promis 25,000 abonnés au premier journal quotidien qui traiterait les affaires à son point de vue. La promesse est peut-être un peu exagérée ou du moins assez lointaine, mais toujours est-il que le *Globe*, qui n'a besoin pour bien vivre que de 2,000 abonnés, et qui en a 1,600 aujourd'hui, ne tardera pas à être au complet, si nous nous donnons du mouvement pour cela. Pendant quelque temps peut-être continuerons-nous les deux journaux simultanément, cependant cela ne pourra durer, et leur fusion aidera rapidement au complément d'abonnement.

Je vous écrirai d'ici à deux ou trois jours, pour vous fixer encore mieux sur tout ceci ; d'ici là, occupez-vous et des abonnements et du placement de quelques actions. MM. Guibal et Alby doivent prendre, l'un et l'autre, quelque chose là dedans.

Vous me parlez de Saladin le préfet ; c'est un de mes anciens camarades de lycée ; faites-lui mes amitiés, c'est un bon garçon, gâté un tant soit peu par les femmes du monde ; faites-lui lire le volume.

Les circonstances sont graves, comme disent les publicistes ; retrouvez tout ce que vous avez de chaleur et d'activité, pour donner le coup d'épaule convenable ; que Bouffard se mette en mouvement, ainsi que tout son monde de Castres ; nous voilà sur le grand terrain, les hommes de l'*avenir* doivent commencer à montrer qu'ils sont les hommes du *présent,* la politique est à nous, le pouvoir n'est pas loin. Marchez ! — Vous croyez peut-être encore trop dans votre éloignement que nous en avons encore pour des siècles; c'était bon au temps du *Producteur ;* aujourd'hui ce serait folie et même impiété qu'une telle croyance.......

Adieu, cher fils.

P. E.

LXXXVe LETTRE

A HOLSTEIN

Paris, 6 mars 1831.

Pauvre vieux, je ne puis t'aller voir, et c'est pourquoi je compte bien que tu viendras m'embrasser, embrasser celui que le monde t'avait donné pour ami, pour frère, que Saint-Simon t'a donné pour père, dès que celui que tu as aimé a eu reporté en moi tout l'amour qu'il avait pour toi. Viens à nous, tu as été un symbole du monde critique, tout est tombé autour de toi et sur toi, et cependant tu es resté debout, ferme, et toujours la main dans la mienne. Viens, fils.

P. E.

LXXXVIe LETTRE

A MARGERIN

Mai 1831.

Puisque vous ne pouvez pas nous écrire, mon cher Margerin, c'est moi qui dois vous écrire, car il faut en finir. Je vais vous donner notre dogme, et vous direz : *Credo* ou *Nego*.

Je prendrai la *justification* du passé pour thème, puisque c'est sur ce point que la question vous semble le plus largement posée, quoiqu'elle soit plus large en prenant le passé, le présent et l'avenir.

Tout le passé est *bon*, puisqu'il est la condition du présent qui est *meilleur*, et de l'avenir qui sera *meilleur* encore ; il est bon comme tout ce qui *est* et *sera*, car il est également en Dieu.

Il est bon à tel point, qu'en nous élevant au point de vue *absolu*, il est *aussi* bon que le présent et que l'avenir. Mais l'homme, simple manifestation de Dieu, bonté ABSOLUE, resterait dans l'IMMOBILITÉ, et nierait la condition d'être *pro-*

gressif, s'il ne transformait pas cette idée de bonté *absolue* en bonté *relative,* s'il ne faisait pas intervenir des idées de *plus* ou de *moins,* d'*attraction* ou de *répulsion,* de *bien* et de *mal,* là où il n'avait porté d'abord que l'idée ABSOLUE. Il dit : TOUT est vivant, TOUT aime, car c'est comme s'il disait : DIEU EST ; mais il dit ensuite : CHAQUE être fini PROGRESSE, passe du *mal* au *bien,* ou du *moins bon* au *meilleur,* et c'est comme s'il disait : JE *vis* et vous *vivez.*

J'ai dit que l'homme, être de *relation,* puisqu'il est *fini,* c'est-à-dire limité, devait transformer, sous peine d'immobilité, l'*absolu* en *relatif,* quand il passait de Dieu à lui, c'est-à-dire quand il sortait de la contemplation mystique de l'*absolu* pour reprendre les conditions *normales* de son existence ; en d'autres termes, la plus grande aberration humaine consiste à vouloir, raisonner, agir, aimer, *comme si* on était Dieu soi-même ; à se faire éternel, immuable, *impassible,* quand on *ne peut* être que *progressif.* Ainsi, revenant à la question, le passé tout entier est bon ou plutôt est NÉCESSAIRE également ; les grands faits et les grands hommes, comme les petits faits et les petits hommes, les législateurs comme les criminels, le fétichisme comme le christianisme, l'anthropophagie comme le servage, les époques *organiques* enfin comme les époque *critiques*. Mais toutes les choses *nécessaires* à la vie sociale ne frappent cependant pas ma sympathie *finie* de la même manière ; ici je commence à *classer* hiérarchiquement toutes ces choses *nécessaires*, et d'abord *j'aime mieux* les derniers termes du développement humain que les premiers, les grands hommes que les petits, les législateurs que les criminels, les constructeurs que les destructeurs, je les JUSTIFIE tous, en ce sens que j'indique que tout ce que chacun d'eux a fait était une condition du progrès, mais je sympathise plus avec certaines de ces conditions qu'avec d'autres ; j'aime mieux un chrétien qu'un païen, un Jésus qu'un Luther, et la seule preuve que j'aie à donner que ma sympathie est conforme à la sympathie générale, c'est qu'un peuple anthropophage est le dernier de tous ceux avec qui, en général, les hommes cherchent à établir des *relations*. Les hommes s'attirent en raison directe des sympathies qu'ils sentent exister entre d'autres hommes et eux, ils se repoussent également en raison directe des antipathies qu'ils sentent exister entre ces autres hommes et eux. De même les époques organiques m'attirent en raison du lien qu'elles établissent entre les hommes; les époques critiques me répugnent en raison de la désunion qu'elles manifestent, et cependant j'aime tous les hommes et toutes les époques, parce que le mauvais deviendra bon et sert même au progrès du bon, parce que la destruction du vieil édifice est l'expression de la réaction contre ce qui est mauvais.

Tous les hommes et toutes les époques m'attirent, mais *inégalement,* car tous les hommes et toutes les époques sont classés *hiérarchiquement,* et cette hiérarchie n'est pas seulement une hiérarchie selon le *temps* (qui ne donne lieu qu'à la *chronologie*), ni une hiérarchie selon l'*espace* (qui ne donne lieu qu'à la *géographie* et à la *statistique*), mais une hiérarchie selon l'AMOUR (qui donne lieu à la *Bible* et à l'*histoire*).

Ainsi, dans la hiérarchie selon le *temps,* je serais exposé à dire que Luther ayant *succédé* à Jésus et l'humanité étant *progressive,* j'AIME MIEUX Luther que Jésus, si je ne savais pas quel est le danger qu'il y a à suivre logiquement l'abstraction *temps* et à ne pas faire intervenir une idée MORALE là où je ne verrais sans elle qu'un phénomène de *mouvement.*

Au point de vue de l'ordre *absolu* ou de Dieu, il serait impossible de dire que, dans un *temps* ou dans un *lieu* déterminé, il y ait PLUS *d'ordre* que dans un autre temps et un autre lieu; en d'autres termes: pour l'être INFINI, l'ordre *relatif* n'existe pas, mais l'homme, être *fini*, ne peut se conduire qu'en agissant comme s'il existait; et cette différence est l'expression de la qualité PROGRESSIVE du *fini*, car l'idée du PROGRÈS est le lien sympathique du *fini* et de l'INFINI. De là notre distinction d'époques *organiques* et d'époques *critiques*. Pour Dieu, cette distinction serait absurde.

Les époques *organiques* sont donc celles où une *révolution* nouvelle étant donnée, une MULTITUDE d'INDIVIDUALITÉS S'HARMONISENT dans cette *conception*, et se DÉVELOPPENT sous son influence. Là il existe un LIEN, plus ou moins resserré, pour chaque *individualité* par rapport à toutes les autres individualités; il y a SOCIÉTÉ, et c'est la nature de ce lien qui unit tous les citoyens qui nous fait donner un nom à ces sociétés.

Et comme, jusqu'à Saint-Simon, aucune révélation n'a embrassé l'homme tout entier, aucun lien n'a été *universel*; chacun d'eux a donc dû être brisé, pour en établir un nouveau qui embrassât les individualités non comprises dans le lien précédent.

Sans doute, partout où il y a des hommes, il y a société, nous nous garderons bien de dire que l'époque *critique* est une époque de désassociation *absolue ;* mais RELATIVEMENT aux époques organiques, elles nous paraissent privées d'amour, de sympathie, d'ordre, d'harmonie ; elles sont entre elles dans le rapport du bien au mal, mal nécessaire sans doute, comme des crises salutaires au développement humain, *mal* suffisamment *justifié* ainsi, et qui n'a pas d'ailleurs pour nous d'existence *absolue,* pas plus que ce que nous nommons *bien,* car il n'y a que le PARFAIT qui soit *absolu.*

Nous savons bien que, malgré tous leurs efforts, les individualités qui tendent à se *désunir,* n'y parviendront pas, et que ces efforts même sont la condition *nécessaire* d'une union de plus en plus forte ; toutefois nous sympathisons pour celles qui éprouvent le besoin d'*union,* bien davantage que pour celles qui éprouvent le besoin de *désassociation ;* nous aimons cependant les dernières, parce que nous savons qu'elles apparaissent surtout lorsqu'il faut manifester que l'union *actuelle* est incomplète, puisqu'elle ne satisfait pas à leurs exigences, et que leur *négation* d'un ordre vieilli est elle-même une protestation contre le désordre. A toute époque l'humanité acquiert sympathie, science et puissance, cela ne fait pas de doute; mais il y a des *instants* et des *liens,* aussi bien que des *êtres* dans lesquels les acquisitions nous frappent *davantage;* c'est pourquoi nous nommons avec enthousiasme Moïse, Jésus, Saint-Simon, Jérusalem, Rome et Paris; c'est pourquoi l'apparition du Christ fut une ère nouvelle. Vous avez voulu faire correspondre la division des époques organiques et critiques à celle de l'*individualisme* et de la *société* et non à la transformation que nous donnons au dogme du *bien* et du *mal.* Vous avez eu là deux torts aussi grands l'un que l'autre.

1° Individualisme et société ne sont pas deux termes corrélatifs, c'est *égoïsme* et *abnégation* qu'il faudrait dire, le développement de ces deux sentiments se faisant d'une manière simultanée aux époques de *dévouement,* de *dévotion,* de *devoir,* d'ASSOCIATION; la sociabilité n'est que l'harmonie de l'*égoïsme* et de l'*abnégation*, harmonie sans cesse PROGRESSIVE d'une époque organique à l'autre. Ce n'est pas seulement parce que cette harmonie devient chaque jour plus grande que l'humanité s'avance, c'est aussi parce que *chacun des termes harmonisés* grandit lui-même : l'égoïsme et l'abnégation ne sont pas plus des termes *constants* dans l'homme que le *lien* de ces deux faces de son être, et chaque *religion* se propose non-seulement de les *unir* tels qu'ils sont lorsque cette religion se produit, mais de les *développer* l'un et l'autre, autant que le comporte le *lien* nouvellement révélé.

2° La division des époques organiques et *critiques* correspond à celle du *bien* et du *mal,* parce que ces deux phénomènes se présentent, l'un comme *association,* l'autre comme *désassociation,* et que c'est là leur caractère *général.* Or la loi la plus *générale* du développement humain, c'est le progrès de l'*association* et la décroissance de l'*antagonisme,* car il faut que le progrès s'exprime d'une manière *double :* l'une *positive,* l'autre *négative*, l'une *attrayante,* l'autre *repoussante.*

Il est bien certain que, dans des termes généraux, c'est-à-dire d'un point de vue *scientifique* et non *sympathique,* on peut raisonner comme si l'époque critique était le moment où se développait un germe inconnu à l'époque organique précédente ou négligé par elle. Ainsi, de même que nous disons que l'époque chrétienne, *comparée* à l'époque païenne, a plus développé l'élément spirituel que celle-ci négligeait, et moins cultivé la chair déifiée par le paganisme, de même nous dirons que depuis Luther des travaux *matériels,* comme négation du dogme chétien, ont accru nos richesses scientifiques et industrielles, et que ces négations étaient réellement *positives,* puisqu'elles venaient détruire la chair selon l'Église, qui était marquée du signe *moins*. De même aussi le dogme de la souveraineté individuelle est venu détruire ce qu'il y avait d'*absolu* dans le droit divin des théologiens catholiques, en tombant lui-même dans un absolutisme semblable ; mais n'oublions pas que sous l'influence de l'Église il y avait SOCIÉTÉ, ce qui suppose que son absolutisme *théorique* était mitigé par la *pratique,* tandis que sous l'influence du dogme protestant la SOCIÉTÉ se dissout chaque jour. Il est donc vrai que, dans les époques critiques, on fasse encore, grâce aux vieux moyens d'ordre qui restent et aux germes d'avenir qui naissent, des travaux scientifiques (par exemple, Socrate, Aristote et

Platon, etc.), qui valent mieux que ceux du clergé précédent, ou des travaux industriels; mais ce qu'il y a de certain, c'est que dans de pareils instants personne n'harmonise les travaux, il n'y a pas de *prêtres.*

Je dis qu'il n'y a pas de *prêtres,* et je sais bien qu'on me parlera des propagateurs de la critique; aussi n'est-ce que *relativement* aux époques organiques que je m'exprime ainsi sur les époques critiques; il n'y a pas de prêtres, en ce sens qu'alors les prêtres prêchent la haine, le désordre, la sauvagerie, le *retour au passé,* c'est-à-dire la mort, car par la *vie* nous marchons vers l'avenir.

Que l'homme ait désespéré de l'avenir, je sais bien que cela fut une condition NÉCESSAIRE de son progrès; mais j'*aime mieux* ceux qui ont espéré que ceux qui ont désespéré; je plains ces derniers par une bonne et unique raison, c'est que j'espère; ceux qui ont prêché et pratiqué le suicide, le dégoût, l'indifférence, le *doute* ont rendu service, je n'en *doute* pas le moins du monde, à l'humanité; mais autant je les sens malheureux, autant je jouis des joies de celui qui donnait la vie, l'enthousiasme et la foi, autant j'aime beaucoup Saint-Simon, autant j'aime peu Comte.

Le raisonnement que j'ai fait tout à l'heure sur les progrès des sciences et de l'industrie, en l'absence des prêtres, et sous l'influence des passions *haineuses*, pourra paraître d'abord destructif de notre dogme : pas le moins du monde, cependant. Je sais bien que, dans les époques critiques elles-mêmes, le besoin d'*association* l'emporte sur le besoin d'*éloignement*, l'amour de la vie sur le spleen, la foi sur le doute ; sans cela l'humanité périrait ; je sais que malgré le débordement des passions haineuses, le besoin d'affection est encore prédominant ; mais, comme il est prédominant aussi aux époques organiques, je cherche seulement à établir qu'il l'est davantage dans celles-ci que dans les autres.

Appelons les époques critiques, des crises salutaires, tant qu'on voudra ; disons en parlant de la destruction d'un vieil édifice social que c'est une utile démolition, rien de mieux encore ; mais ne disons pas que dans la crise et la démolition, c'est l'individu qui se développe, tandis que dans la santé et la construction, c'est la société.

Jamais l'individu n'est plus comprimé que

dans les moments où la société n'a plus de liens, que là où il n'existe aucun PATRONAGE. Peut-être dira-t-on que cette compression fut nécessaire à son développement, cela est vrai, aussi exista-t-elle, *même* dans les époques organiques du passé, où le patronage était oppresseur ; mais il n'en est pas moins vrai aussi que cette compression est d'autant plus cruelle qu'elle est exercée par les *incapables* et c'est là le caractère des époques critiques PAR RAPPORT aux époques organiques.

Toute cette discussion est bien longue et reproduit beaucoup de choses sur lesquelles nous sommes d'accord l'un et l'autre ; aussi vais-je la reprendre dogmatiquement, car c'est dans le dogme même que gît la difficulté. De même que vous avez longtemps discuté autrefois avec nous pour la *quaternité* contre la *trinité,* vous tomberez constamment dans la *dualité.*

P. E.

LXXXVIIᴱ LETTRE

ENFANTIN A SA MÈRE

Août 1831.

A côté de nous on parle d'une loi sur le divorce, et nous-mêmes, chère mère, nous nous occupions depuis longtemps de cette grande question ; mais plus généralement encore des relations de l'homme et de la femme dans l'avenir, c'est-à-dire à une époque où la femme aura des devoirs et des droits sinon *les mêmes*, du moins *semblables* à ceux de l'homme. La chose est délicate, et l'on peut dire que là est la base de la morale proprement dite ; aussi la morale *chrétienne* repose sur le *célibat* du prêtre, expression de la réprobation de la chair, comme la morale mahométane repose sur la *polygamie*, expression de l'esclavage domestique de la *femme*, et de la grossièreté des appétits physiques de l'Orient encore guerrier. Pour nous, tu le sais, l'homme et la femme sont *égaux*, et nous traitons la *chair* à l'égal de l'*esprit*, *l'indus-*

trie aussi bien que la *science;* nous AIMONS l'une *et* l'autre. D'après ces deux idées que je viens d'émettre, quels sont les rapports des sexes? Toute la difficulté est de *sentir* DÈS AUJOURD'HUI, des rapports qui ne pourront être réguliers, convenables, utiles, que dans une société qui aurait été élevée, *dès l'enfance,* selon la loi morale nouvelle. Il faut se garantir et de l'influence des vices qui existent aujourd'hui autour de nous, et du retentissement des croyances morales *chrétiennes,* réprobatives de la *chair;* il faut toute l'imprudence du *novateur,* et toute la RÉSERVE du CONSERVATEUR, il faut être moi et Bazard, et en effet nous sommes en discussion tous deux en ce moment sur ce point. Or, voici en quoi consiste l'idée nouvelle qui, sous la forme que je lui donne, peut présenter des imperfections, mais qui renferme, suivant moi, le germe de l'avenir; elle devra être *régularisée, limitée, ordonnée.*— D'après elle, il sera fait *un règlement* qui en fera disparaître quelques exagérations; tout cela est certain; mais ce qui paraît certain pour moi, c'est qu'elle contient l'avenir de l'*homme* et de la *femme.* Mère, tu me diras ton opinion détaillée, j'y tiens absolument; je ne puis pas penser sur un sujet de cette nature quelque chose qui ne soit pas la conséquence de cet autre fait que je suis TON FILS.

L'on a (l'homme ainsi que la femme), des *affections profondes* ou des *affections vives, durables* ou *passagères ;* on est réservé, modeste, modéré, *patient*, etc., ou bien *enthousiaste*, *aimant la gloire*, *brûlant, ardent*, etc.; l'une et l'autre de ces formes sont bonnes, l'une veut *conserver,* l'autre veut *innover*. Le danger pour le premier est de rester en *place,* pour l'autre c'est de se briser la tête *contre* la *muraille*. Tous deux peuvent donc *faillir* comme ils peuvent *grandir* par ces deux voies qui sont également utiles, bonnes, saintes, et qui sont d'ailleurs l'expression de l'IMPERFECTION humaine et de sa PERFECTIBILITÉ ; l'un est *immuable*, l'autre est *changeant*, de là les unions dont la force s'*accroît* ou *diminue* par le temps et par la jouissance, de là l'ennui et le dégoût ; de là la *constance* et la *fidélité;* de là les mariages qui sont d'autant meilleurs qu'on a des enfants, des habitudes communes longtemps prolongées, une même habitation, les mêmes connaissances, le contact perpétuel l'un avec l'autre ; mais aussi de là naissent le besoin de *changement* de lieu, de choses, d'idées, d'habitudes, de société, et enfin d'époux et d'épouse.

Jusqu'ici la coquetterie, la légèreté, la mobilité, la beauté, la grâce, en général les qualités dites *extérieures,* n'ont presque donné lieu qu'à la ruse, la tromperie, l'hypocrisie, le libertinage, l'adultère, etc., — ce qui veut dire que la société n'a su régler, ni satisfaire, ni utiliser des dispositions, des qualités humaines qui par conséquent sont devenues des sources de désordre au lieu d'être, comme elles le devraient, des sources de joie et de bonheur et, par exemple, les personnes *changeantes, mobiles, légères*, étant, par suite de la loi du Christ, subalternisées (et remarquez bien que la femme a plus spécialement que l'homme ces qualités), elles ont dû employer souvent leur puissance qui n'est pas médiocre, à démoraliser plutôt qu'à moraliser. Cela explique très-bien l'anathème lancé contre les plaisirs *physiques* et contre la *femme,* anathème, qui aura sa justification très-légitime tant que l'INDUSTRIE et la FEMME ne seront pas *associées,* la première à la *science,* la seconde à l'*homme* par la loi d'ÉGALITÉ.

Je me demande donc comment les personnes *vives, coquettes, séduisantes, attrayantes, changeantes, ardentes, passionnées, exaltées*, etc., doivent être *dirigées, considérées, utilisées* dans l'*avenir*, de manière à ce que leur caractère soit pour elles et pour l'humanité une source de joie et non de douleurs, de fêtes et non de deuil.

Certes l'éducation des enfants et la morale sociale tout entière *calmeront* les individus déréglés dans cette direction, comme elles activeront les *apathiques*, les *lambins*, *dormeurs, lourds, ennuyeux ;* il faudra donner quelquefois des soporifiques et des émollients aux premiers comme aux autres des excitants ; quelle est donc la règle à laquelle on les soumettra ? La voici suivant moi :

L'homme et la femme, voici la première RELIGION d'amour.

LE MÊME *homme avec* LA MÊME *femme* TOUTE LA VIE, voici une des formes de cette religion.

Le divorce et une NOUVELLE union avec un NOUVEL époux, voilà une seconde forme de cette religion, car l'homme et la femme ne sont pas seulement deux individus *isolés ;* ce sont aussi deux individus SOCIAUX. La seconde forme entraîne-t-elle avec elle une idée de réprobation, de blâme ? je réponds : Non, *pourvu que de la*

NOUVELLE union *résulte un progrès* pour *les deux individus* et pour la société, c'est-à-dire, pourvu que dans les deux nouvelles unions formées, les deux anciens époux trouvent de nouvelles sources d'inspiration, de conception et de puissance. Le changement dans ce cas est l'expression de la facilité avec laquelle les individus *changeants* CHERCHENT et TROUVENT les qualités qui manquent *près* D'EUX et qui sont *hors* D'EUX, car ils aiment peu l'*intérieur,* mais bien l'*extérieur,* très-peu la *cellule* mais beaucoup le *bal.* . . . .

J'ai dit deux formes de l'union de l'*homme* et de la *femme,* l'une durable, l'autre variable : l'une, sujette à engendrer la *jalousie;* l'autre, source d'*indifférence,* mais toutes deux bonnes pour les deux *caractères* tranchés que j'ai désignés par ces mots : affections *profondes* et *vives.* Ces deux formes se manifestent plus évidemment dans les *caractères* bien *opposés* et cependant bons tous deux qui distinguent l'homme *patient* de l'homme *ardent;* mais il existe une troisième forme de l'amour des deux sexes, beaucoup plus imposante, plus puissante, plus socialisante, gouvernante, religieuse ; la voici, et je te préviens d'avance de te garantir de l'influence exagérée des doctrines chrétiennes qui dominent encore aujourd'hui celui même qui n'a jamais cru au christianisme. Isole-toi du monde *passé* et *présent,* cherche le monde futur en toi, et tu répondras.

Ces deux formes dont je t'ai parlé correspondent en général à *savant* et *industriel,* homme de l'*esprit,* homme des *sens.* Je vais parler du prêtre et de la prêtresse qui doivent gouverner les *savants* et les *industriels,* et par conséquent comprendre les uns et les autres.

Les deux époux (prêtre et prêtresse) voient en eux l'homme et la femme qu'ils aiment le PLUS : le temps augmente leur amour ; mais ils ne se fatiguent pas l'un de l'autre, parce que leur fonction consiste à régulariser l'amour des autres, et qu'ils trouvent dans cette fonction, au moins jusqu'à *une certaine limite* que nous examinerons tout à l'heure, le moyen de satisfaire cette faculté de VARIER que nous avons vu être l'apanage particulier de l'industriel.

Par leur amour *constant* l'un pour l'autre, ils sont aimés du savant, du *constant,* et d'un autre côté par leur *beauté,* leur *grâce,* leur *amabilité,* leur *coquetterie,* par leurs gestes pleins d'*ardeur,* leurs yeux *brillants* et *tendres,* par les *arts* dont ils s'entourent, ils sentent monter vers eux l'encens des hommes et des femmes qui aiment l'*extérieur*, la *pompe*, l'*éclat*, la *gloire*, la *richesse*, les *formes*, en un mot, ils se font aimer selon la CHAIR par les individus amants de l'esprit.

Or, il serait funeste que cet amour *charnel* dégénérât en *libertinage*, comme il serait fâcheux que la foi *spirituelle* dégénérât de leur part en *charlatanisme, tromperie, superstition, mensonge*, etc. Ce sont deux écueils aussi grands l'un que l'autre dans lesquels l'humanité chrétienne et païenne est tombée ; mais elle n'y est tombée que par une seule raison, c'est que la *femme* et l'*homme* n'étaient pas ASSOCIÉS et que, par conséquent, *le fort* devait EXPLOITER le *faible* et le *savant l'ignorant*.

Le clergé, avons nous dit souvent, a pour but de diriger les travaux de la *science* et de l'*industrie;* tantôt le prêtre CALME l'*ardeur* immodérée de l'INTELLIGENCE, tantôt il MODÈRE les *appétits* déréglés des SENS, et réciproquement il RÉVEILLE l'INTELLIGENCE *apathique*, et il RÉCHAUFFE les SENS *engourdis*. Mais toujours, et AVANT TOUT, il les dirige dans un but social favorable au progrès moral, intellectuel et *physique* des individus et des masses.

Le prêtre se fait aimer selon l'*esprit* et selon la *chair*, il est *savant* et *beau*, *sage* et *puissant;* mais jusqu'où exercera-t-il son influence supérieure dans ces deux directions? S'il abusait de l'*ignorance* ou de la FAIBLESSE, s'il *trompait* ou *violait* (je dis cela pour la prêtresse aussi bien que pour le prêtre), non-seulement il perdrait par là sa puissance qui doit être toute MORALE, mais il perdrait encore, ainsi que la prêtresse, leur mutuelle affection. Tous deux ils ont, dans leur amour l'un pour l'autre, un rappel constant à l'ORDRE, et d'ailleurs la publicité de leur vie, les garantit des occasions de chute. Ils se font aimer par l'*esprit* et par les *sens* pour avoir puissance d'inspirer les fidèles, car il faut que ces derniers aient foi en eux sous ce double rapport; sans cela, pas de *confiance*, pas de *confession*. On a reproché aux prêtres chrétiens l'envahissement du lit conjugal; on a eu tort et raison : raison, parce que leur dogme et leur pratique les rendaient incompétents; tort, parce que, malgré leur célibat, leur conseil était encore plus favorable à la femme, au faible, que ne l'aurait été le conseil d'un guerrier. Le prêtre saint-simonien qui est ÉPOUX, qui ne réprouve pas les plaisirs des *sens,* qui n'en parle pas en se couvrant d'un capuchon, qui n'en écoute pas la confession dans une petite boîte de bois bien grillée qu'il suffit de voir pour mortifier sa chair, le prêtre et la prêtresse saint-simoniens qui sont les plus tendres en amour ; qui connaissent toutes les joies de la *décence* et de l'*abandon,* de la pudeur et des embrassements les plus ardents, ce couple le plus AIMANT des couples, le plus SAGE et le plus AMOUREUX, le plus *réservé* et le plus *brûlant,* ce couple a des leçons de *tendresse* à donner bien plus encore que des leçons d'*algèbre.* Il faut que par lui les couples s'aiment, que par chacun des époux, *prêtre* et *prêtresse,* chacun des époux apprenne comment on aime : sa vie, c'est avant tout le tact ; il se fait tout à tous, non par *comédie,* mais par AMOUR, car il AIME la *timidité* du savant, et la *sainte fierté* de l'industriel ; il ne marche pas vers l'un comme il marche vers l'autre, avec chacun d'eux sa conduite est différente.

Les caresses qu'il fait au savant paraîtraient *glacées* à l'industriel, et pourtant elles réjouissent le savant, et celles qu'il fait à l'industriel sembleraient *brûlantes* au savant qui rougirait s'il les voyait toutes ; et pourtant elles font le bonheur et la gloire de l'industriel. Le prêtre fait un *signe* de TÊTE au *savant* et le SALUE ; il *presse* la MAIN de l'*industriel* et l'EMBRASSE.

Et maintenant, mère, me demanderas-tu jusqu'à quelle limite l'expression charnelle de cet amour du prêtre et de la prêtresse ira dans certains cas ? A cela je te dirai que, pour répondre, j'aurais besoin de joindre à ma voix une voix de *femme,* et cependant moi homme, moi qui sens en mon cœur puissance d'amour pour une femme, et qui à cause de cela ne suis point marié, moi qui rêve une femme que j'aimerais à l'adoration, moi qui ai besoin plus que tant d'autres de me sentir aimé plus que tout au monde, je conçois *certaines circonstances* où je jugerais que ma femme seule serait capable de donner du bonheur, de la santé, de la vie, à l'un de mes fils en *Saint-Simon,* de le rappeler aux sympathies sociales prêtes à le quitter, de le réchauffer dans ses bras caressants au moment où quelque profonde douleur exigerait une puissante diversion, au moment où son cœur brisé, flétri, serait tout saignant du dégoût de la vie. Oh ! mère ! n'a-t-on pas dit souvent « de quoi n'est pas capable le cœur d'une mère? » Or, la mère dont je parle n'est pas la mère de *naissance*, c'est la mère d'*adoption*, de direction morale, qui a puissance d'engendrer, non pas *un jour* mais *toujours;* car sa parole et ses caresses font vivre, et cette mère peut aimer sans réserve, et se faire aimer sans crainte, car son amour sauve l'enfant qui souffre, et calme celui qui s'exalte.

J'aurais encore beaucoup à te dire, mais je veux que cette lettre parte aujourd'hui, car il y a longtemps que je ne t'ai écrit. Tu comprends maintenant le motif de mon silence ; je suis en état d'enfantement ; on a dit de la femme, d'après Moïse : elle accouchera dans la douleur, mais maintenant c'est nous qui accouchons de la femme avec peine. Je me résume.

Les couples aux affections *profondes* restent unis, en général, pour la vie ; les couples aux affections *vives*, changent, mais sous la direction du prêtre qui *consacre* ou *provoque* même le DIVORCE et les NOCES NOUVELLES : le COUPLE SACERDOTAL garantit les premiers dans leur possession *immuable, constante,* et il bénit et sanctifie la *mobilité* des autres par l'exemple qu'il donne d'une affection conjugale *durable,* mais qui n'est point *exclusive,* et qui se renforce au *contraire* de tout l'amour que chacun des deux époux inspire.

Voici les trois formes de l'amour conjugal, selon que l'on est *patient, ardent* et CALME ou bien que l'on est *constant, mobile,* AIMANT.

P. E.

LXXXVIIIe LETTRE

—

A PICHARD

27 janvier 1832.

Mon pauvre ami, je suis absorbé, mais il n'y a pas de travaux qui tiennent. Vous souffrez trop, j'ai besoin de vous embrasser et d'embrasser aussi votre chère femme, que j'aime pour tout l'amour qu'elle vous donne, pour tout le bien que mon père et ma mère m'ont dit d'elle. Oui, vous avez bien connu mon cœur, puisque vous avez senti que les douleurs de *tous* ne m'empêcheraient pas de ressentir les douleurs de ceux auxquels j'ai spécialement donné mon affection.

Mais, mon ami, laissez-moi vous dire que vous avez méconnu ceux qui éprouvent *avec force* les douleurs INDIVIDUELLES. Ceux-là aussi sont capables de s'élever vers TOUS ; et c'est alors qu'ils sont vraiment religieux.

Je suis arrêté dans ma lettre, mon ami, par des poursuites judiciaires qui auront un grand résultat pour la doctrine. Je ne peux plus que vous embrasser. Aglaé va terminer ma lettre.

P. E

LXXXIXe LETTRE

A ÉLISA ***.

30 janvier 1832.

Ma chère enfant, je t'ai écrit tellement à la hâte, quand j'ai reçu ta triste lettre, et j'étais si pressé de t'envoyer Caroline que je ne veux pas dormir ce soir avant de causer avec toi. Tu es vraiment ma fille, puisque ta douleur m'est si sensible; tu es ma fille, puisque, malgré l'éloignement où nous sommes restés depuis longtemps, tu viens à moi dès que tu souffres. Je t'ai écrit il y a quelques jours dans une lettre d'Aglaé ; et au moment où une petite persécution a été dirigée contre moi, je t'ai fait donner de mes nouvelles par Faucher (1). Dans ma lettre je te disais que le moment n'était pas arrivé encore pour toi de venir à moi, parce que la tâche apostolique n'était pas assez rude, et que nous étions encore trop bien traités par le monde. Le procureur du roi a semblé vouloir avancer son jour d'arrivée, et pourtant ce n'est rien encore, au contraire, sa folle poursuite nous fera passer pour de petits saints, et cependant un orage gronde contre nous. Je t'ai annoncé qu'on dirait bientôt de nous que nous sommes immoraux, que nous venons enlever les fils et surtout les *filles* des riches familles, que nous avons des principes infâmes, que nous voulons réaliser pour les femmes un monde horrible, affreux ; et ce sont précisément ceux qui dans ce monde vivent de la manière la plus désordonnée et la plus frauduleuse qui diront tout cela de nous.

1. C'est Léon Faucher qui était alors instituteur des enfants d'une sœur d'Élisa.

Nous qui venons avec notre foi inébranlable sauver les hommes et les femmes de deux plaies effrayantes, l'*adultère* et la *prostitution*, on dira que nous venons fonder le libertinage et l'orgie, et ce seront surtout l'*adultère* et le *libertin* qui parleront ainsi de nous. Oh ! alors il sera temps, pour les femmes de courage, pour les cœurs généreux, de se montrer et de parler ; il sera temps pour ceux qui m'aiment et qui sentent la vérité et la sainteté de ma mission dans l'amour que je leur ai témoigné, il sera temps pour eux de dire au monde qui je suis. Élisa, tu y seras ; j'ai voulu jusqu'ici ne pas chercher le mot de cette mystérieuse et cruelle énigme qui t'avait donné un PÈRE, le jour même où tu perdais un *époux*, qui t'avait envoyé un GUIDE au moment où tu perdais un *soutien*; je ne l'ai pas cherché, ou plutôt je ne te l'ai pas révélé, car le premier jour que je te vis, je sentis que j'avais en toi une véritable FILLE, et malgré l'entourage que j'avais ici et qui ne t'AIMAIT pas, malgré celui que tu avais chez toi et qui ne m'AIMAIT pas, tu es restée liée à ton père, et je ne t'ai pas manqué. Dans ce vieux monde qui tombe d'égoïsme on sait à peine ce que sont les liens de la famille du sang, et ce qu'on ignore complétement c'est ce sentiment nouveau que nous apportons et qui fait que je t'aime autant que si tu étais la fille de ma chair et de mon sang, que je t'aime autant que j'aimais Félix et Eugène Rodrigues, autant que j'aime Transon et d'Eichthal.

J'ai mission d'annoncer au monde une *paternité* nouvelle, une famille nouvelle, comme nous apportons une politique nouvelle. Tu es ma fille d'élection, d'adoption, de cœur ; Caroline, ta sœur aînée, reçoit près de moi, par ma parole, comme tu reçois loin de moi par cette lettre, les témoignages de cet amour de père, toujours constant, toujours grandissant, qui ne finit jamais, et qui soutient et qui dirige, qui console et relève, qui calme ou réveille, qui donne sans cesse la vie en rattachant au monde, et qui te gardera toujours, ma fille, lorsque ton cœur tout seul pourrait t'égarer.

Je te l'ai dit, Élisa, ce jour est solennel pour toi. Je viens de te révéler ce que sera le prêtre de l'avenir, ce qu'il est déjà en moi, pour les êtres comme toi, qui aujourd'hui privés de ce patronage d'amour sont si souvent exposés à de vives douleurs ; or, ce sont ces femmes-là *surtout* que j'ai mission de sauver, car ce sont elles surtout que j'aime, et ma mission est dans mon cœur. Je veux les sauver des tromperies et du trafic des hommes, je ne veux pas qu'on les vende ou qu'on les séduise, je veux qu'elles aient toute leur vie un amour qui les accompagne depuis leur jeunesse jusqu'à la tombe, et qui veille à leur bonheur ; et pour cela je veux qu'on les aime pour TOUT ce qu'elles ont d'aimable, pour leur BONTÉ, pour leur *esprit* et pour leur BEAUTÉ; je veux qu'on les aime ainsi, et surtout qu'on le DISE, car il faut en finir avec le *mensonge*. C'est lui qui tient la femme en esclavage ; le jour où le prêtre nouveau pourra dire hautement qu'il aime sa fille parce qu'elle est BONNE et *sage*, mais aussi parce qu'elle est JOLIE, le Tartufe spiritualiste sera détrôné complétement, et avec lui disparaîtront l'adultère, le libertinage, la prostitution, la fraude et le mensonge en amour.

Eh bien, sens-tu maintenant l'œuvre immense qu'il nous est donné d'entreprendre les premiers, et de réaliser à la face du monde? Sens-tu déjà combien d'injures et de calomnies sont dirigées contre nous, précisément parce que nous apportons la vérité là où règnent le mensonge et le désordre, parce que nous voulons mettre l'amour *vrai* là où triomphe la séduction avec toutes ses ruses? Si tu doutes un instant, jette les yeux sur le monde, autour de toi, partout, et dis s'il ne faut pas en finir avec ces bouches menteuses, ces voiles de vertu mensongère, et surtout avec le vice déhonté qui se rit des mépris du monde et qui se vautre dans la boue plutôt que de se conformer à une morale que chacun prêche et que personne ne pratique. Élisa, je te parle ainsi parce que en ce jour Dieu a voulu que ta propre douleur te préparât à sympathiser davantage avec les douleurs de tous. Or, parmi toutes les douleurs, les plus cruelles sont celles des femmes qui sont trompées ou qui trompent, dont la vie est une perpétuelle comédie, que dis-je, une horrible tragédie car le cœur y succombe. Eh bien, celles qui trompent le plus sont celles que le christianisme n'a pas comprises, et il ne les comprenait pas toutes, puisqu'il n'a donné à aucune le sacerdoce; celles qui trompent le plus et qui sont le plus trompées sont celles qui avaient de la BONTÉ et qui auraient eu de la *sagesse,* si elles n'avaient pas eu tant de BEAUTÉ : la dévotion à la *beauté* doit naître avec la religion qui doit sanctifier l'INDUSTRIE et fonder la paix, avec la foi qui ressuscite la *chair* que le christianisme a crucifiée; elle naîtra, car je suis le prêtre de la foi nouvelle, et j'aime ce qui est BEAU, et je le dis à la face des hommes.

P. E.

XC^e LETTRE

A MADAME A. S. F***

Ménilmontant, mai 1832.

Ma pauvre fille, tu te rappelles le jour, où, à genoux devant moi, tu me donnas si tendrement le nom de *père*, où tu me dis que tu trouvais en moi ce qui te manquait depuis si longtemps, un guide aimant et respecté. Ce jour, tu reçus de moi le baiser d'adoption ; je t'aimai pour le bien que je te faisais, et pour celui que j'attendais de toi. Et depuis lors pourtant je t'ai causé bien des douleurs, j'ai changé complétement ta vie, j'ai touché à toutes tes pensées pour les transformer, à toutes tes habitudes pour donner à Sté... et à toi des désirs et un amour plus larges que ceux dans lesquels vous vous complaisiez l'un et l'autre. Je voulais faire sentir à tous deux DIEU que vous ignoriez, Dieu que S.... avait mis en toi seul et en tes enfants, Dieu que tu avais renfermé aussi dans votre petite famille. Je voulais vous donner à tous deux ce qui faisait que vous m'aimiez autant l'un et l'autre, de la *grandeur* alliée à la *bonté*.

Rappelle-toi aussi ce jour où tu pleuras tant avec ton père. Assis près de ton lit, j'écoutais ce petit bruit de douces paroles que j'aime en toi ; tu me parlais des femmes et de la manière dont elles aiment, de ce que tu avais été, de ce que tu étais pour S.... et de ce que tu voulais être pour ton père. Tu pleurais et tes larmes te faisaient du bien, parce que tu savais que ton père pouvait pleurer, parce que tu l'avais vu pleurer seul avec toi.

Chère fille, tu pleures encore aujourd'hui et tu pleures seule ; A..... peu de jours séparent le moment où j'ai pleuré ma mère de celui qui m'accable ; ma parole est pleine de deuil encore, tu dois l'entendre grave, je désire qu'elle reste en ton cœur comme un appel à notre œuvre.

Tu pleures seule, Sté... et ton père ne sont pas là ; pauvre mère, ce que tu aimes et qui t'aime n'est pas près de toi. Sais-tu quelle est la force invincible qui nous pousse à te laisser ainsi? Sais-tu qui a puissance de faire que S.... ne soit pas avec toi, et que je ne tienne pas ta tête entre mes mains, appuyant sur ton front mes lèvres de PÈRE? Sais-tu qui nous donne cette prodigieuse CRUAUTÉ? C'est celui qui veut que la femme et le prolétaire soient affranchis par nous; c'est celui qui a mis sous nos yeux, dans notre propre sein, toutes les douleurs que la femme éprouve dans le monde, pour animer notre foi; c'est celui qui s'est révélé à moi quand il m'a ôté mon frère, qui m'a puissamment vivifié en me retirant ma mère, c'est Dieu.

Aime-le, ma fille, pour la douleur même qu'il t'envoie; aime-le, car il veut quelque chose de toi, pauvre mère, qu'il afflige. A...., tu ne crois pas en lui, tu ne crois pas à la mission qu'il nous a donnée, et je ne t'en fais pas un reproche, car il ne s'est encore révélé à toi, par nous, qu'avec des douleurs cruelles; tu peux donc le méconnaître. Tes premiers jours au milieu de nous étaient pourtant bien doux! mais les derniers sont si terribles! ta foi, naissante à peine, comme cette chère petite fille, a succombé. A...., ma fille, que ta foi renaisse, que ta Fanny soit le lien qui te rattache à Dieu;

qu'elle t'inspire l'amour nouveau de la mère, femme et sœur d'apôtre : dès ce jour rends grâces à Dieu d'avoir donné à cette chère enfant la force que des hommes n'ont pas eue sur toi, la puissance de te rendre religieuse ; et lorsque tes larmes se pressant sur tes yeux retomberont sur ton cœur et t'oppresseront, adresse-toi à elle et remercie-la aussi de la nouvelle vie qu'elle aura rendue à sa mère. Oui, mon enfant, c'est ta fille que tu devras bénir, en mêlant le nom de Fanny aux nôtres, chaque fois que tu te sentiras meilleure et plus digne de l'amour que nous avons pour toi. Dès ce jour, par cette chère petite fille, sois changée ; nous tous envers toi ne sommes-nous pas changés ! Nous t'aimons tous davantage.

Lambert et d'Eichthal, ma bonté et ma foi, t'embrasseront pour moi et pour leurs frères, et aussi pour les fils de Sté... qui lui témoignent aujourd'hui combien ils l'aiment.

P. E.

XCIᴱ LETTRE

A BARTHÉLEMY ENFANTIN

Ménilmontant, 1er juillet 1832.

Père, je reçois la lettre que tu m'as fait passer par Camille; celle que tu lui as écrite est bien bonne; j'espère que ces témoignages d'affection pour moi contribueront, plus encore que des démonstrations que je leur ferais, à ramener Saint-Cyr et Camille, Saint-Cyr surtout, à de meilleurs sentiments pour moi.

Toi qui t'en piques, dis-tu, tu n'aurais pas fait mieux que moi à Curson ; il est donc bien joli ce Curson, car tu fais toujours l'admiration ici de tous ceux qui viennent nous voir ; comme c'est bien dessiné, comme c'est bien planté !! on n'entend que cela.

Je trouve, père, que tu as pris une bonne résolution, en attendant qu'on y voie clair sur la politique, sur le choléra, sur nous-mêmes ; tu serais souvent trop inquiet pour des bagatelles. Le maire de Belleville a demandé hier à Michel de m'être présenté et m'a fait toutes sortes de protestations de bonnes dispositions. Le commissaire de police est fort ennuyé de voir que ses chefs voudraient qu'il eût à faire à nous. Les rapports qu'il nous a fait voir son très-bons ; les voisins nous aiment et les notoriétés trouvent que nous faisons du bien au pays ; que d'ailleurs tout se passe très-convenablement, car l'ordre qui règne dans les grandes réunions est vraiment remarquable ; hier, par exemple, la moitié du jardin était défendue au public et la défense consistait en un ruban qui n'a pas été brisé ; et dans les endroits où le ruban n'existait pas, la moindre parole faisait ranger de suite.

Je n'écris ni à Thèrèse, ni à Eugénie, ni à Bédoin ; je suis tellement deshabitué d'écrire, que lorsque j'ai fait une lettre comme celle-ci j'ai la main fatiguée ; cette main d'ailleurs a des durillons et tremble un peu, des suites du travail que j'ai fait ces jours-ci pour tracer l'œuvre. Holstein va bien et Jallat aussi. Tous deux me chargent de bien des choses pour toi. Aglaé n'est pas très-vigoureuse, mais sa volonté ferme la soutient toujours. Adieu, je vous embrasse tous et voudrais bien manger des figues de Curson.

P. E.

XCIIe LETTRE

A THÉRÈSE

Ménilmontant, 13 août 1832.

Tu sais, ma chère Thérèse, que j'avais autrefois l'heureuse faculté de trouver toujours le bon côté des bêtises mêmes que je faisais ou qu'on disait que je faisais ; je ne l'ai pas perdue ; aussi je me félicite du coup d'aiguillon *brutal* que j'ai donné à ton amitié, puisqu'il t'a fait faire une lettre plus longue, dis-tu, que toutes celles que tu as écrites depuis plusieurs années. — Je n'ai pas besoin, tu le sais encore, de grandes protestations pour croire qu'on m'aime, puisque vous me disiez toujours que c'était une de mes manies ; et j'en ai moins besoin de ta part que de la part de qui que ce soit, car si j'osais m'avouer à moi-même toutes mes petites ruses, non de *guerre* mais d'*amour*, je crois bien que je pourrais trouver facilement quelque jésuitisme dans les reproches que j'ai adressés à ceux qui *ne m'aiment plus*. Tu y as très-bien répondu, tu es tombée dans le *piége*, si piége il y a, car ces choses-là sont très-difficiles à nommer, mais elles sont bonnes à éprouver. Tu vois que je te donne matière à nouvelle accusation contre moi; tu me reproches mon *indiscrétion*, tu pourras y joindre mes *finasseries*, car j'ai la prétention d'avoir de très-jolis tours dans mon sac, pour forcer ceux qui me boudent à m'écrire et à m'aimer. Le fait est que vous m'avez mis un peu en colère; heureusement que c'est passé, car ta lettre est de nature à m'y remettre encore; je recommence un moment.

Comment as-tu donc la tête faite pour *croire* qu'Adèle M.... était là, en public, quand j'ai pris Arthur dans mes bras? pour croire qu'elle ait même été nommée? pour croire qu'elle ait *renoncé* ou *réclamé* en public? C'est cela qui est vraiment drôle, et plus drôle qu'un gilet boutonné par derrière. Quant au gilet boutonné par derrière, je te dirai d'abord que c'est très-joli, parce que cela fait une poitrine large et bien ouverte. Ensuite tu dois savoir qu'il est très-bon qu'un costume ait un *sens,* et jamais le sacerdoce n'a envisagé le costume autrement. Il n'y a que des tailleurs qui ne voient dans l'habit de l'homme que du drap, comme il n'y a que les boulangers qui ne voient dans le pain que de la *farine* de l'*eau* et du *sel*, tandis que le prêtre sent ce que veut dire le LIN ; il sait aussi ce que signifie le pain, l'eau, le sel, le vin, l'huile, l'encens, etc., etc. Aujourd'hui les prêtres, il est vrai, sont un peu boulangers et tailleurs, et les fidèles encore plus, ils ne savent plus ce que c'est qu'un *symbole,* un *mythe,* un *signe;* cela reviendra, ne t'en déplaise, par NOUS, et nos gilets y seront pour quelque chose.

Tu ne sais pas ce que c'est que la pelle et la pioche, et pourtant tu sais ce que c'est que la CROIX ; celle-ci est l'instrument du SUPPLICE de l'*esclave,* eh bien ! les autres sont les instruments du TRAVAIL des prolétaires. Or, l'humanité (et en elle, avant tout, ses chefs, ses apôtres), l'humanité, dis-je, ne va plus au SUPPLICE, comme du temps de Jésus, comme les grands martyrs ; elle va au TRAVAIL, et, tu sais, nous voulons lui indiquer le chemin qu'elle suit divinement et qu'elle ignore ; pour cela nous marchons à sa tête, honorant et la *pelle* et la *pioche*. Est-ce donc si mal trouvé?

Décidément je passe condamnation sur l'*ange*, car je serais presque aussi fâché que tu me crusses ce qu'un chrétien nommait un ange, que si tu me croyais un démon ; tu ne saurais où te mettre si j'allais te visiter, et j'y tiens. Mais ce que je te demande, c'est plutôt de croire *au bien* pour moi *qu'au mal*, d'être disposée à penser, quand tu juges nos actes, que, s'ils te paraissent mauvais, c'est qu'il en est d'eux comme de la présence d'Arthur ici ; tu as des renseignements faux, ou bien les renseignements vrais te manquent. Je te demande même, quand tu lis mes écrits, de le faire également avec une réserve tout amicale. Ainsi par exemple, tu admets qu'il y a quelque chose à faire pour améliorer le sort des femmes et les rapprocher de l'égalité avec l'homme : c'est dire que les hommes en général les traitent *brutalement*, et, comme tu as eu souvent le peuple sous les yeux, tu sais que cela est VRAI. Or, si les hommes traitent *en général* brutalement les FEMMES, L'HOMME qui voudra faire cesser cette brutalité aura sans doute contre lui la GÉNÉRALITÉ des *hommes*, qui ne voudront ou ne pourront pas le comprendre, et qui, par conséquent, travestiront sa parole et ses actes ; mais bien plus, il aura contre lui toutes les FEMMES qui, viciées par une vie passée sous l'empire de la *brutalité* MALE, ont pris volontairement ou instinctivement un masque pour se soustraire à cette brutalité ; d'où il résulte que le pauvre garçon sera *défiguré* de mille manières. D'un autre côté, pour produire une aussi grande et aussi difficile révolution, il aura fallu que le jeune cavalier trouve et possède en lui les moyens d'attirer l'attention de TOUS SUR LUI, de faire parler de LUI et de sa prétention, de se faire juger par *chacun*, et par conséquent de se faire donner les plus jolis noms du monde, car Dieu sait comme on le juge. Cet homme devra avoir beaucoup aimé, mais surtout il devra avoir été beaucoup aimé, car il devra éprouver le sentiment d'une DETTE contractée par lui, au nom de tous les HOMMES envers toutes les FEMMES ; il devra connaître la femme ET son voile, car ce sont deux choses bien distinctes ; enfin il devra avoir la puissance de s'entourer d'hommes généreux qui, séduits par sa bonne nouvelle, et dévoués *personnellement* à LUI, lui prêtent le secours d'une foi sans borne. Sans cela que ferait-il seul ? Et s'il n'avait pas cette puissance d'attraction, comment aurait-il pu, le premier, oser entreprendre une si grande tâche? Tu vois que, s'il doit avoir cette qualité, il faut aussi que Dieu l'ait bronzé contre les délices de l'encens et de la flatterie, comme il doit l'avoir cuirassé contre les grossièretés de l'ignorance et de la calomnie. Sa tête ne tournera pas plus au milieu des caresses de ses *fils* qu'en face des injures de ses accusateurs ou de ses *juges*. Tout cela DOIT être, car Dieu n'exposerait pas à *faillir* par ces deux causes un homme qui doit être sans cesse entre elles deux.

Voilà de quoi te mettre en garde, ma chère amie, contre les sottises du monde à notre égard, et aussi contre les craintes que tu éprouves de me voir perdu, par mon *orgueil d'ange déchu,* par la tendresse dévouée de mes fils.

Maintenant encore un mot sur le même sujet, car il est grand pour toi et pour moi. Je suppose que ma parole d'*homme* sur les relations de l'*homme* ET de la *femme* ait été, comme je l'ai déjà hautement et fréquemment confessé, *brutale* encore, *exagérée, indiscrète*, etc., etc., autant de motifs, sans contredit, pour irriter tous les êtres moraux ou *prétendus* moraux contre moi. Mais d'abord cela pouvait-il être autrement, puisque je suis HOMME, et que la définition de l'HOMME, en 1832, est encore d'être *brutal* dans ses relations avec la FEMME. Non-seulement cela ne *pouvait* pas être autrement, en 1832, mais cela DEVAIT être ainsi, dans l'intérêt de la mission à accomplir pour l'amélioration du sort de la FEMME ; car je te le demande à toi-même qui as lu et approuvé Bazard, qui donc lirait l'ouvrage de Bazard s'il n'était pas un pamphlet contre MOI ? Eh bien, je t'annonce, sans crainte que tu puisses me donner un démenti, qu'il ne se fera pas aujourd'hui un seul ouvrage de quelque importance, ayant pour but l'amélioration du sort de la femme, qui ne soit ou une accusation ou une défense de nous, à commencer par tout ce qui sera émis d'idées sur ce sujet dans notre procès ou à propos de ce procès. — Et enfin j'admets que les FEMMES prononcent définitivement que j'ai fait, moi HOMME, la part de leur liberté trop grande, que l'ordre nouveau annoncé par moi serait encore de l'anarchie, que du moins un voile sacré de pudeur doit couvrir beaucoup de choses que j'ai mises à nu, etc., etc. Alors au moins elles auront prononcé sur leur propre sort, et vraiment elles ne l'ont pas fait encore ; j'aime à croire qu'elles auront quelques paroles de tendresse pour l'homme qui, même *brutalement,* leur en aura fourni l'occasion.

Je n'en finis pas, mais je sais que tu ne crains pas mes longues lettres, quand bien même elles renferment ça et là des choses qui te fâchent ; j'ajoute donc encore quelque chose sur l'état des FEMMES. Tu me dis que dans les choses de morale on doit agir pour les *masses,* et pourtant je vois que tu nous juges en songeant plus aux *bourgeoises* qu'aux femmes du *peuple*. Or, parmi ces dernières, il y a une classe qui à elle seule est plus grande que toute la *bourgeoisie,* ce sont les *filles publiques,* avouées ou cachées, depuis la femme de la halle jusqu'à la maîtresse d'un roi. J'aimerais assez que tu jugeasses les relations nouvelles de l'homme et de la femme, non du point de vue *exclusif* de cette classe-là (dans laquelle, par parenthèse, il y a non-seulement une grande *beauté,* mais une merveilleuse *intelligence* et de grandes VERTUS, le tout étouffé, gâté), mais que tu y fisses plus d'attention que tu ne le fais, je suppose. Tout homme était foncièrement *esclave* avant Jésus-Christ, mais pourtant il y avait des esclaves de NOM ;

aujourd'hui (cela est encore *brutal,* mais c'est *vrai*), toute FEMME est VENDUE, quoiqu'il y ait une classe qui porte spécialement ce *nom*. Pour bien sentir ce qu'il faut faire pour les FEMMES en masse, il est donc bien d'avoir souvent les FEMMES *vendues* devant les yeux de notre cœur, cela réchauffe la foi ; Dieu ne les a pas seulement jetées près de nous sur la terre, pour rire, souffrir, se tordre et pourrir, il nous les a données en triste et douloureux spectacle pour bruler notre âme du feu divin qui *sauvera* les FEMMES.

Ce que je te dis des *filles publiques* est tellement capital, que si je regardais les *bourgeoises* seulement, il s'en faudrait de peu que je ne prisse le parti des HOMMES contre elles ; les pauvres MARIS en supportent de tant de façons qu'ils méritent vraiment compassion ! Il faut bien au reste que cela soit, car si la FEMME ne faisait pas sentir fortement *sa valeur,* en *enchaînant* souvent son *maître,* il n'y aurait pas lieu à songer aujourd'hui à la mettre, comme tu le désires, sur le pied d'ÉGALITÉ.

Et maintenant crois-tu qu'on puisse détruire la prostitution sans *autoriser,* sans légitimer même quelques-unes des causes qui y mènent aujourd'hui et qui y mènent précisément parce qu'il n'y a que honte et déshonneur attaché à ces dispositions, surtout quand elles se trouvent chez une FEMME ou chez un HOMME qui n'a pas d'or pour les couvrir ou pour les endormir? Mais je suppose que les moyens que je propose soient mauvais ; pourquoi n'en propose-t-on pas d'autres? pourquoi l'autorité qui va me juger patente-t-elle les FILLES et ne leur donne-t-elle pas d'éducation ? pourquoi ne détourne-t-elle pas leurs ardentes pensées par des plaisirs moraux, sociaux, qui exaltent et remplissent leur âme et les éloignent du *libertinage,* en laissant toutefois une légitime satisfaction à leurs sens bouillants. Non, on chauffe la chaudière et l'on s'étonne qu'elle éclate en mille pièces ! — J'ai dit *autoriser* et *légitimer :* ces deux mots t'auront effrayée, tu y auras vu la confirmation du reproche que tu me fais, avec Bazard et tant d'autres, d'autoriser l'adultère et le libertinage sous prétexte de les détruire. Eh bien, je vais me faire plus mauvais que je ne suis, pour avoir raison de toi. Suppose donc que je veuille *autoriser* la prostitution, je ne ferais là que ce que fait le gouvernement aujourd'hui ; mais ajoute au moins que moi je voudrais, non-seulement l'autoriser, comme il le fait par des *patentes,* mais encore qu'au lieu d'abandonner les FILLES et leurs amours dégradés, comme des parias, à une surveillance de basse police, je m'occuperais, moi gouvernement, de pourvoir à l'instruction, à la propreté, à la moralisation même de cette classe flétrie ; j'y enverrais mes *hommes de Dieu,* non pour les châtier seulement et leur faire peur de l'enfer, mais pour leur parler d'un meilleur avenir, à la réalisation duquel elles peuvent puissamment contribuer ; je les traiterais non comme des *réprouvées,* mais comme des *appelées ;* je me ferais aimer d'elles par l'amour que leur porteraient en mon nom ces hommes de Dieu, ces prêtres ; je les habituerais à croire à la sainteté, à la bonté de ma parole ; à m'aimer comme père de tous et de toutes ; et alors, crois-moi, bien des choses seraient possibles, car il y a dans cette boue si sale aujourd'hui des milliers de paillettes d'or ; car il y aura pour toutes ces filles souillées un jour de *purification,* qui ne sera pas pourtant un jour d'*abstinence ;* car il y a pour elles, comme pour moi, un Dieu qui vit en elles comme en moi, et qui nous lie ; car la divine humanité s'engendre par elles et par nous, et Dieu ne jette pas en vain la puissance de vie avec tant d'abondance sur cette classe si honteusement BELLE.

Crois-tu, Thérèse, que ce soit un rêve plus coupable et plus étroit que celui de NAPOLÉON quand il songeait à conquérir un empire. Voilà mon armée, mais ce n'est pas pour tuer que je veux la lever et la faire manœuvrer; voilà mon armée, elle est bien sale aujourd'hui, bien déguenillée; je veux qu'elle soit plus belle un jour que toutes celles de Darius. Et que lui offre-t-on donc hors de moi de si salutaire qu'on ose m'accuser, moi, de la rendre encore plus misérable et plus affreuse? Elle existe, je ne l'invente pas; elle se bat chaque jour contre la maladie et contre la faim.

Eh bien, qu'on l'excommunie donc tout à fait, ou qu'on la sauve!

Qu'on poursuive ces misérables par l'outrage, par la misère et les supplices, qu'on les plonge dans des cachots, ou qu'on les jette dans des terres abandonnées, qu'on les sacrifie pompeusement à cette grande divinité nommée morale publique, qu'on les assassine tous en un jour..., ou qu'on respecte celui qui les aime, qui veut les sauver, qui veut faire surgir de leur sein des hommes et des femmes devant lesquels pâliront les héros de Napoléon tirés par lui des rangs assez sales aussi des sans-culottes. Il y a là, Thérèse, dans cette fange, des êtres marqués du sceau divin ; je les découvrirai. D'autres aussi n'y sont pas encore, mais s'y précipitent, je les arrêterai. Dieu a mis en moi cette foi qui me fera sourire à la parole de mes juges et de mes accusateurs, parce que j'entends par leur bouche la voix de Dieu qui répète, par eux et malgré eux, le VERBE qu'il a mis dans la mienne. Ils sont les trompettes de ma foi, les hérauts de l'ère nouvelle, les constructeurs du temple dont ils croient bouleverser et combler les fondations.

Je voulais parler encore, il faut cesser, la famille a besoin de moi ; je vous embrasse tous.

La demande que j'ai faite à mon père d'avoir des copies de mes lettres à Émile et à toi t'aura blessée ; ne crois pas pour cela que ta lettre soit montrée ; tu désires que je la garde seul, je le ferai. Tu dois comprendre pourtant, ma chère amie, combien il est intéressant pour moi, pour mes enfants, de connaître ces épanchements de leur père, dans lesquels tant d'idées qui font leur vie ont été exprimées, développées par lui. Ce sont les enseignements dans lesquels ils voient le mieux mon cœur, car il fut toujours bien ouvert avec vous.

Paris, imprimerie Paul Dupont, rue J.-J.-Rousseau, 41 (1495.7.72)

www.ingramcontent.com/pod-product-compliance
Ingram Content Group UK Ltd.
Pitfield, Milton Keynes, MK11 3LW, UK
UKHW020450200726
13857UKWH00002B/656